한재 이목

다부(茶賦)
부록 · 허실생백부(虛室生白賦)

정영선 편역

너럭바위

도1 이목 사당 앞의 홍살문과 대절문(大節門)
(경기도 김포시 하성면 가금리 산 76-1)

도2 한재가 배향된 충현(忠賢) 서원
(충남 공주군 반포면 공암리)

도3 한재가 배향된 황강(黃岡) 서원
(전북 전주시 효자동 마전)

도4 한재 사당의 차밭 (김포, 여름)

도5 정간사(貞簡祠)의 차사(茶祀) (한국 예다원 행례)

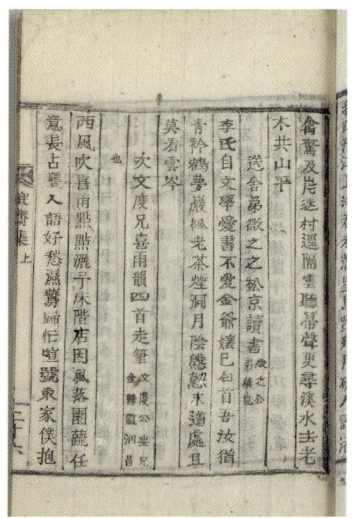

도6 차시 「개성에 공부하러 가는 동생 미지를 보내며」

도7 갑인본 『한재집』 (35x20.5cm) (한국차문화연구소 소재)

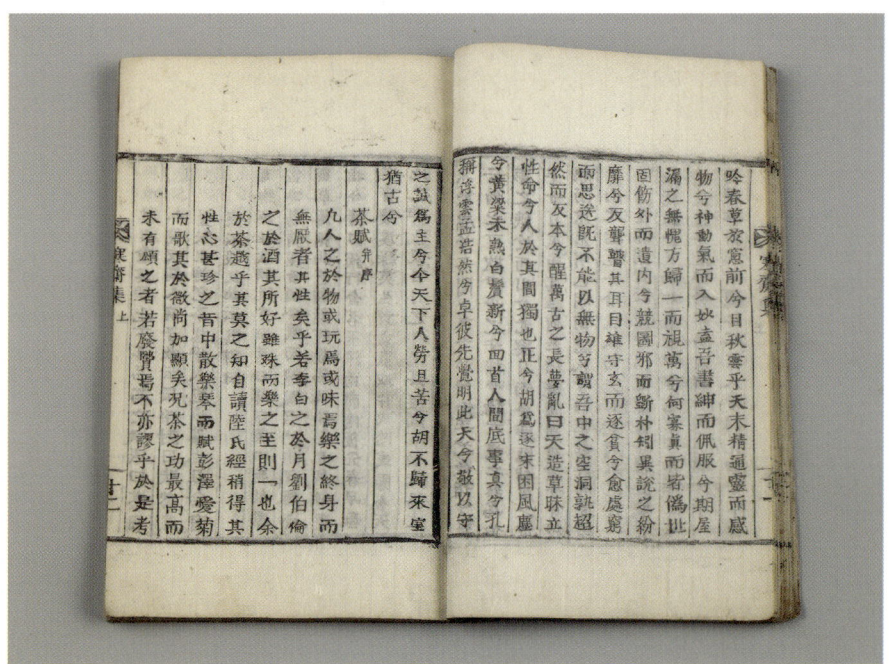

도8 한재 이목의 『다부』

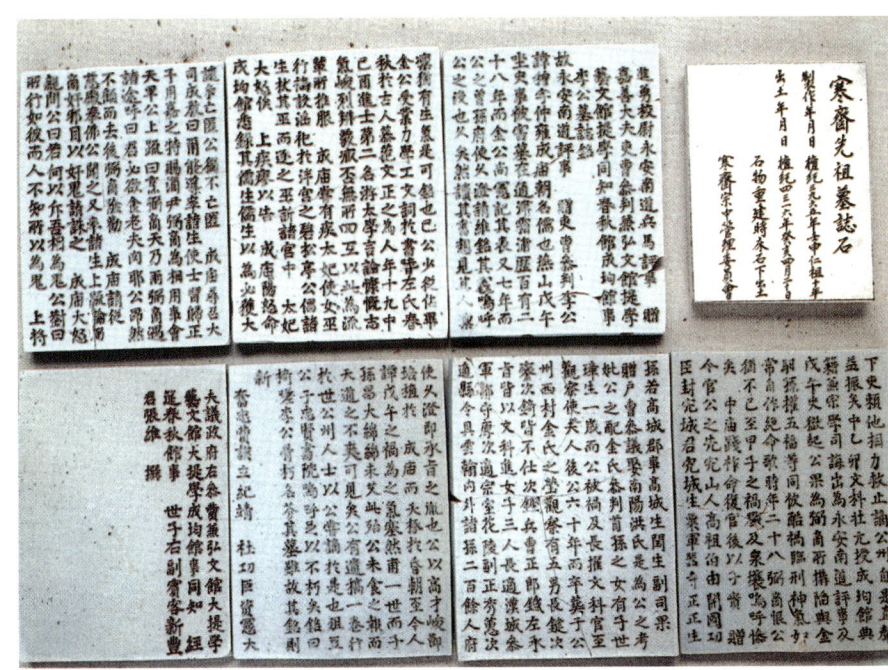

도9 한재 이목의 묘지석(墓誌石)
(『寒齋祠堂』 정간공한재종중중앙회) 맨 끝에 '장유(張維) 찬(撰)'이라 씌어 있다.

도10 한재 다정

도11 한재 사당의 제의 모습

도12 정간사(貞簡祠)의 별제(別祭)
(우측 유승국 선생)

도13 한재선생 기념사업회 현판식

책머리의 글

『다부(茶賦)』는 호가 한재(寒齋)인 조선 전기의 문사 이목(李穆, 1471~1498)이 약 510년 전에 지은 다서(茶書)이다.

8세기 중국의 육우(陸羽)『다경』이 '세계 최초의 차(茶) 경전'이라면, 한재의『다부』는 '세계 최초의 다도(茶道) 경전'이다. 이는 결코 한국인만의 다서가 아니라, 미래에는 세계인의 다도서적이 되리라 믿을 만큼 내용이 훌륭한 저서이다.

이목은 우리나라 문사(文士)다도가 성했던 고려 말 이색·정몽주·길재와, 조선 전기 김종직의 다맥을 이어받은 다가이다. 의(義)를 중시한 그는 연산군의 폭정으로 인해 서른이 못 되어 요절하였으나, 문집에 있는 그의 사상과 다도는 계속 이어져 전해왔다.

한재는 초의 의순(意恂, 1786~1866)보다 340년이 앞선 다가(茶家)이고, 『다부』의 내용은 1,332자(제목과 협주 11字 포함됨)나 되어, 『동다송』(492字)이나 중국의 『다부』보다 분량이 훨씬 많으면서 서론·본론·결론을 충실히 갖추었고 내용이 정확하다. 또한 주체성과 독창성이 있으므로 한국다도의 정체성을 지니고 있다.

중국은 다서가 무척 많으나 차문화의 철학과 사상을 논한 글은 드물어, 육우나 주희(朱熹, 1130~1200)의 단편적 글을 제외하고는 찾아보기 어렵다. 한재의 『다부』에 필적하는 일본 책으로는 오까꾸라 가꾸조오(岡倉覺三, 1862~1913)가 1906년에 출간한 『The Book of Tea』가 있다. 이 책은 다석(茶席)의 예술성과 동양의 다도정신을 구미에 알린 공적이 크다. 한재 이목은 일본의 무라다 쥬꼬우(村田珠光, 1433~1502)와 같은 시대를 살았고, 센리큐(千利休, 1522~1591)보다 일세기 앞선 다가이다.

　한재의『다부』요지는 다음과 같다.

　진명(眞茗)인 작설차는 인간에게 많은 공덕을 주는 유익한 것이고, 손수 차를 끓여 고요히 마시니 호연지기가 생기며 청신(淸神)해져서 하늘과 인간의 도심(道心)을 깨우쳐 명덕(明德)을 밝힐 수 있다는 것이다. 즉, '다도일여(茶道一如)'이고 '다심일체(茶心一體)'이니 후학들도 다도를 진지하게 공부하라는 내용이다.

　한재에게 차(茶)는 책(冊)과 같이 중요하며, 다음(茶飮)은 도학 공부와 같은 요긴한 일이었음을 아래에서 살피고자 한다.

　첫째, '茶'가 단순한 기호음료이거나 여가문화의 일부, 또는 효능을 위한 양생식품에 그치지 않고, 구도(求道)를 위한 공부거리였다. 그는 즐기고('樂') 사랑하며('愛') 숭상하는('尙') '物' 중에서 '최고(最高)'가 '차(茶)'라 하였고, 유가와 도가의 성인들이 가지고 있는 덕(德)을 차가 지녔다고 했으니 이는 예사가 아니다. 즉, 그가 정좌하여 혼자 끓여 마시는 독철차(獨啜茶)는 차의 덕성을 배우는 수양공부였고,『대학』이나『맹자』를 읽는 것과 같다.

　둘째, 그의 다도는 청신의 허실(虛室)에서 명덕(明德)을 깨달아, 이를 밝히는 '실행의 道'를 '심체(心體)'에 안착시키는 공부였다. 이는 유가뿐 아니라 불가의 이상이기도 하다. 한재는 이를 결론에서 '오심지차(吾心之茶)'라 하였는데, 이는 바로 '茶'가 '心'에 심어져 모든 행위와 연결된다는 '다심일체(茶心一體)'라는 것이다. 그리하여 실천적 '德'이 확고히 자리 잡히고, 차생활로 자신의 팔자

운수도 넘어 설 수 있다는 것이다. 한재의 일생에서 중요한 일은 수신하여 제가하고 군자가 되어 나랏일을 돕는 것이다. 군자가 되기 위해서는 명덕을 밝혀야 하므로 '지행합일(知行合一)의 오심(吾心)'을 지니는 것이 중요했던 것이다. 따라서 그는 청렴하며 위민하였고 용감하게 불의를 물리치고자 했다.

셋째, 다공(茶供)이 하학상달(下學上達)의 교육거리임을 확신하였다. 『다부』에는 비유와 은유는 있을망정 각 장마다 비합리적이거나 허황된 내용이 없다. 2장~5장에서 중국 찻감의 지식과 자신의 경험을 토대로 차숲(茶林)과 전다에 대해 상세히 썼고, 6장~7장에서는 찻감이 인간에게 주는 신체적·정신적 이로움을 쓰고 이를 설득하기 위해 중국의 다인들과 문헌을 인용하여 착실하게 주장을 폈다. 그리하여 찻자리와 차탕의 완미(玩味)를 통하여 '心' '氣' '身' '神'의 변화를 얻게 되고, 마침내 '心'이 '天'의 '理'를 깨닫게 된다는 것이다. 따라서 이색·정약용도 그랬듯이, 자신의 후손이나 후학들이 차를 열심히 끓여 마시어 '心'을 다스리고 진리를 깨달아 인식을 바꾸라는 교육적 의미를 중시한 것이다. 이는 그가 『다부』를 쓴 숨은 의도이다. 오늘날 윤리학이 서려면, 접근하기 쉽고 자신을 성찰하는 다도부터 공부해야 하는 이유가 여기에 있다.

이목은 진실로 다공(茶供)의 물사(物事)를 깨달아 달도(達道)하여 이를 실천한 지인(至人)이었다. 그의 오심(吾心) 중시와 지행일체의 철학사상은 실로 육왕학(陸王學) 이론에 못지않으며, 노장학과 유학을 원용회통하여 유가적 풍류도(風流道)를 일구었다.

이 책의 『허실생백부(虛室生白賦)』는 『다부』에 나오는 찻자리의 청신(淸神)을 허실(虛室)로 보완하는 내용이다. 그리고 당시에 정치적 지도자의 양심이 극으로 치닫는 것을 보고, 노장학과 주자학이 소통하는 진리를 찾아 '생백(生白)'인 명덕을 쉽게 터득하는 도리를 쓴 것이다. 즉, 빈 방과 같이 고요히 마음을 비우게 되면 하늘의 밝은 '心'을 저절로 알게 되니, 그로 인해 천리나 도심(道心)을 터득하고 실행하자는 것이다.

혹자는, 한재가 명석했다지만 이십대 말에 과연 '도경(道境)'을 체득했을까 하고 의구심을 갖기도 한다. 그러나 당시에는 소년기에 유가 경전을 공부하였고, 삶 자체가 해·달·수목·흙·음양과 연관되고 삶과 죽음이 수시로 가까이에 있었기 때문에, 오늘날과는 철학적 인식 수준에서 비교가 되지 않는다. 성인으로 추앙받는 안회(顔回)도 천수를 32살까지 누렸고, 광개토대왕(375~413)도 30대 후반에 별세하였으며, 목은 이색이나 김시습 등도 젊었을 때 이미 놀랄만한 탁견을 지녔다.

이 책 제4부의 '다부의 창가(唱歌)'는 본문과 역해를 모은 것이다. 한문 습득을 위해 한국의 대표적 다서인 『다부』를 족자나 병풍으로 써놓고 외는 것은 최상의 공부 방법이라는 점과, 음률이 유난히 발달한 우리나라가 판소리나 가사곡조로 창작하여 「적벽부」와 같이 판소리나 떼창으로 불리우고 세계에 알리기 위함이다. 다만 제2장의 중국차 이름과 산지의 일부를 생략하였는데, 아마 선생께서도 필자의 이러한 결단을 나무라지 않으리라 생각된다.

한재시대 이후에도 그가 『다부』를 쓴 의도 그대로 조선 다도의

맥은 면면이 이어져왔고, 현대에도 차와 더불어 일월(日月)과 같은 '지도(至道)'를 구하는 학인과 예인(藝人)들이 적지 않다. 그리하여 다도를 예찬하며 널리 회자되고 있다면, 지금 한재선생이 아니 계신다고 할 수 없을 것이다. 이 책이 영문판으로 된 『Sacred book of Korea Teaism ― 虛室生白茶道』도 속히 간행되어, 세계의 차 애호가와 사상가들 손에 있기를 기대한다.

필자는 『다부』의 장구를 화두로 삼아 오랜 세월동안 한 길을 걸어온 것 같다. 진작 『다부』 역서를 내고자 했지만 병으로 인해 공부를 중단했다가, 이순(耳順)의 나이가 넘어서야 펴게 되었으니, 참으로 다도공부는 쉽지가 않다. 부족한 해설은 선후학의 질정으로 보완되리라 여겨진다. 단지 역해에 쏟은 시간만큼 독자가 쉽게 이해하고, 또 우리 차를 사랑하는 사람이 늘어나기를 기대한다.

이 책을 엮는 데는 역서 『한재문집』을 발간한 이목 문중의 덕이 무엇보다 크며, 앞서 발행된 '한재의 다부' 관련 서적의 도움도 적지 않았다. 이에 깊이 감사드리며, 또한 동양철학 전반을 지도해 주신 건국대와 성균관대의 대학원 교수님들께도 머리 숙여 고마운 마음을 전하고자 한다.

    토끼해의 가을 하늘을 보며
        대치서실에서 가헌(稼軒) 정영선(鄭英善) 쓰다.

차 례

■ 책머리의 글·9

제1부 『다부(茶賦)』 총론

1. 『다부(茶賦)』 해제·19
2. 이목(李穆)의 일생과 사회적 배경·28
3. 한재의 학문과 다도관·38
4. 한재를 중심으로 본 조선시대의 음다풍속·57

제2부 『다부(茶賦)』 역해

제 1 장 『다부』의 서문·70
제 2 장 차(茶)의 명칭과 산지·78
제 3 장 다림(茶林)의 경관·92
제 4 장 춘절(春節)의 채다(採茶)·98
제 5 장 전다(煎茶) 삼품(三品)·104
제 6 장 한재의 칠완다가(七椀茶歌)·112
제 7 장 차의 오공(五功) 육덕(六德)·126
제 8 장 음다생활의 은총·140
제 9 장 다도지심(茶道之心)·146

제3부 『허실생백부(虛室生白賦)』 역해

- 『허실생백부(虛室生白賦)』 해제 · 157
- 제 1 장   『허실생백부(虛室生白賦)』의 서언 · 162
- 제 2 장   허령(虛靈)의 시공(時空) · 168
- 제 3 장   심체(心體)의 생백(生白) · 176
- 제 4 장   현인(賢人)들과 한재의 궁행(躬行) · 184
- 제 5 장   심중(心中)의 잠언(箴言) · 196

- 참고문헌 · 201

제4부 『다부』의 창가(唱歌)와 덧글 · 203

원본과 색인

- 『茶賦』 원본 · 250
- 『虛室生白賦』 원본 · 258
- 색인 · 263

— 일러두기 —

○ 본 역서의 원문은 『한재집(寒齋集)』 갑인본(甲寅本)을 전거로 삼았다.
○ 『다부』 원본의 협주(挾註)는 〔 〕로, 책 이름은 『 』, 글 제목은 「 」로 표시했다.
○ 본문과 해설에서 한자는 ( ) 속에 넣었으며, 역해 주와 부호 속, 그리고 총론의 각주에는 한자를 그대로 쓰기도 하였다.
○ 원문 독음글자의 첫 자음이 'ㄹ'일 경우에, 각 구절의 첫 자는 두음법칙에 따라 'ㄴ'으로 고쳤다.
○ 원문의 '.'와 ','는 역해 내용을 중심으로 넣었다.
○ 괄호 속의 서적명은 뒤편 '참고문헌'에서 찾을 수 있다.

제1부

『다부(茶賦)』 총론

1. 『다부(茶賦)』 해제 · 19
2. 이목(李穆)의 일생과 사회적 배경 · 28
3. 한재의 학문과 다도관 · 38
4. 한재를 중심으로 본 조선시대의 음다풍속 · 57

■ 문방도(文房圖), 18세기 (호암미술관 소재)

1. 『다부(茶賦)』 해제

『다부』를 쓴 저자인 한재(寒齋) 이목(李穆, 1471~1498)은, 문사다도가 성했던 조선 초기의 학자이자 문장가이며 대다가(大茶家)이다.

조선 초기의 이름난 문인 다가(茶家)로는 권근(權近)과 변계량(卞季良), 하연(河演) 등이 있고, 서거정(徐居正, 1420~1488), 김시습(金時習, 1435~1493), 김종직(金宗直, 1431~1492)이 있으며 그 뒤를 한재 이목이 잇게 된다.

이목은 연산군(燕山君, 1476~1506) 때의 무오사화(戊午士禍)로 인해 28세로 생을 마감하였으나, 한국 유학과 다도학에 큰 업적을 남긴 인물이다.

(1) 『다부』의 내용과 서지(書誌)

『다부』의 제1장 서문에는 저술 동기가 잘 나타나 있다.

한재는 '茶의 성(性)' 때문에 다명(茶茗)을 좋아하게 되었고, 많은 사람들이 그 공덕을 알고 누리게 하고자 찬미하는 문장을 쓴다는 것이다. 한재는 육우와 마찬가지로 진명차(眞茗茶)만을 '茶'의 대상으로 여겼다.

제2장 차(茶)의 명칭과 산지, 제3장 다림(茶林)의 경관, 제4장 춘절(春節)의 채다(採茶)는 차나무와 찻감에 대한 지식을 썼고, 제

5장 전다(煎茶)에서는 세밀한 탕법과 차의 삼품(三品)이 있고, 제6장 한재의 칠완다가(七椀茶歌), 제7장 차의 오공(五功)과 육덕(六德)은 차가 인간에게 주는 직접적이고 간접적인 이로움을 썼으며, 제8장 음다생활의 은총과 제9장 다도지심(茶道之心)은 차생활을 통해 얻는 형이상학적 진리와 철학적·종교적 목표인 '지도(至道)'를 터득하는 과정을 썼다.

『다부』의 내용을 보면, 그는 오랜 음다 습속에서 글을 썼음을 알 수 있다. 당시의 사대부가 손수 차를 따오고 끓이려면 오랫동안의 차생활이 몸에 배어야 하고, 중국 다서와 선학 다가들의 글과 음다풍속과 문화가 이해되어야 다도에 관한 글을 쓸 수 있기 때문이다.

음다를 생활화하여 이웃에 권하고 즐기는 다인(茶人) 또는 그 가정을 '다가(茶家)'라 한다. 이를 구분해보면, ① 음료로 마시며 차문화를 즐기는 끽다가(喫茶家) ② 다석·다구·행위의 예술성과 수집을 중시하는 예다가(藝茶家) ③ 차로써 수양하고 고상하게 차를 즐기는 기다가(嗜茶家, 풍류다가) ④ 차를 받들어 주변에 권하는 공다가(供茶家) ⑤ 마음에 다도의 심지를 지니어 그 뜻을 실천하는 심다가(心茶家)인데, 다서를 쓴 한재는 공다가이자 또한 심다가였다.

『다부』가 지어진 시기를 생각해보면, 중국에 갔다 온 후 초고가 구성되어 27세에 사가(賜暇)를 받아 독서할 때 완성된 것으로 추정된다.

한재가 스승과 기라성 같은 선배다인들을 두고 『다부』의 본론 내용과 철학 사상을 자신 있게 글로 쓴 것은, 자타가 인정받을만한 업적이 있었음을 뜻한다. 따라서 연경에서 귀국한(24세) 이후,

25세에 별시 장원급제하여 관복을 입고, 27세에 관리로서 평사로 근무한 후라야 할 것이다. 그리고 왕이 하사한 은택인 사가를 받아 시간이 충분했기 때문에 조리 있고 방대한 글을 쓸 수 있었을 것이다. 또한 당시의 풍속으로 후손이 있어야 문중에서 인정을 받으므로, 27세에 아들을 얻은 후에 글을 완성하여 가까운 주변에 발표했을 것으로 추정된다.

『다부』를 보면 자신의 죽음이 멀지 않았음을 예상한 내용을 볼 수 있다. 제9장에서 '생사여일(生死如一)'을 기록하였고, "내가 세상에 태어나 풍파가 모질도다."라 했다. 그리고 자신은 20세에 왕이 극형을 내리고자 했을 때 이미 간접적 경험도 있었다. 그는 연산군이 섭정한 1495년(25세) 이후에는 때 아닌 죽음을 예감했던 것으로 생각된다. 이미 성종 생전에 한재는 진성대군(훗날의 中宗)을 후사로 추대하였으므로 연산군이 좋아할 리 없고 유난히 훈구파 권신의 미움을 샀기 때문이다. 연산군이 섭정하여 정치적 소용돌이가 일어날 것은 예상할 수 있는 일이었으며, 그때도 자신은 소신과 직언을 굽히지 않을 것이었기 때문이다. 또한 전대에는 1453년(단종 1년)에 수양대군(세조)이 단종(훗날의 노산군)의 왕위를 찬탈한 계유정난(癸酉靖難)이 있었으므로 사육신(死六臣)과 생육신(生六臣)의 행적이 당시에 생생했다.

한재의 문집은 사후 8년이 지나 중종 원년(1506년)에 간행되었다. 초판본은 아들 이세장(李世璋)이 시문을 수집하여 엮고, 손자인 이철(李鐵)이 1585년 무송재(茂松宰)로 부임하여 활자로 간행하였다. 책 이름은 한재가 영안도(함경도) 평사(評事)로 봉직했던 이름을 따서 『이평사집(李評事集)』이라 하였다.

그 후 임진왜란으로 판목(板木)이 유실되고 전본(傳本) 또한 귀하게 되자, 증손 이구징(李久澄)이 잘못된 부분을 바로잡고 묘표(墓表)와 보유(補遺)를 첨입하여 1631년에 『이평사집』 재판을 간행하였다. 2권 1책의 목판본(20x15.4㎝) 권미에는 이구징의 발(跋)이 실려 있다.

한재문집의 3판본은 1914년(갑인년) 순종황제 때 후손 이존원(李存原)·이응호(李膺浩) 등이 증보 재판본에 일부를 더 증보하여, 상권(제1권)과 하권(제2권)을 1책으로 엮고 부록 1책을 더 만들어 『한재집(寒齋集)』으로 제목을 바꾸었다. 송병화(宋炳華)가 서문을 썼으며 4권 2책의 목활자본이다. 필자는 이 책을 저본으로 하였다. 그리고 후손들이 1981년에 증보 재판본을 번역하여 간행한 『한재문집』(한재종중관리위원회)이 있다.

이와 같이 한재의 문집은 현재에 이르기까지 500년 동안 후손들에 의해 끊이지 않고 간행되어 조선시대의 많은 문신과 선비들에게 읽히었다.

(2) 『한재의 다부』와 중국의 『다부』

한재는 중국의 「금부(琴賦)」나 「적벽부」는 알고 있었으나, 당시에 이미 써진 『다부』1)를 문헌으로 보지 못했던 것 같다. 그가 장인을 따라 북경을 다녀온 후 가져왔을 것으로 추정되는 자료도 한계가 있을 뿐 아니라, 당시 조선에 있던 다서도 육우의 『다경』, 불가의 다문(茶文)과 「끽다거」, 노동의 차시 한 편 정도가 15세기 이전의 문헌에 나타나기 때문이다.

---

1) 찻감이나 차탕은 '차'라고 함이 일반적이나, 『동다송』이나 『다경』과 같은 책 이름이나 글 제목은 대개 '다'로 읽는다.

지금까지 중국에서 전해져온 차(茶)에 관한 부(賦)는 다음의 일곱 편이 있다.

① 진(晉)나라 두육(杜毓, 265~316)의 『천부(荈賦)』2)(86字)

차나무의 생육 환경, 말차의 전다, 그리고 다구와 유탕(乳湯)의 모습을 썼다.(『중국차문화경전』『茶歌拾萃』)

② 5세기 여류시인인 영휘(令暉)가 지은 『향명부(香茗賦)』

현재 내용이 전하지 않는다.(육우의 『다경』 제7장)

③ 당나라 고황(顧況, 725~814)의 『다부』3)(214字)

육우와 나이가 비슷했던 고황이 쓴 『다부』의 중요 내용은 차의 효용이다. 즉, 큰 연회의 차, 천자에게 바치는 차, 그리고 차는 음식 맛을 좋게 하고, 시를 짓고 노래하는 손님을 접대하며 잠을 쫓는다는 효용, 그리고 은둔자를 위한 차를 서술하고, 서주의 차솥과 월주의 찻잔, 뜨는 차탕의 말(沫)을 표현하였다.

④ 송나라 오숙(吳淑, 947~1002)의 「다부」(『중국차문화경전』 93면, 약 350字)

⑤ 송나라 황정견(黃庭堅, 1045~1105)의 「전다부(煎茶賦)

---

2) 전문 : 靈山惟嶽. 奇産所鍾. 厥生荈草. 彌谷被崗. 承豊壤之滋潤. 受甘靈之霄降. 月惟初秋. 農功少休. 結偶同旅. 是采是求. 水則岷方之注. 挹彼淸流. 器澤陶簡. 出自東隅. 酌之以匏. 取式公劉. 惟玆初成. 沫沈華浮. 煥如積雪. 曄若春敷.

3) 전문 : 稽天地之不平兮, 蘭何爲兮早秀, 菊何爲兮遲榮. 皇天旣孕此靈物, 厚土復糅之而萌. 惜下國之偏多, 嗟上林之不至. 至如羅玳宴, 展瑤席 凝藻思, 開靈液 賜名臣, 留上客 谷鶯轉, 宮女嚬 泛濃華, 漱芳津. 出恒品 先衆珍 君門九重 聖壽萬春 此茶上達於天子也. 滋飯蔬之精素, 攻肉食之羶膩. 發當暑之淸吟, 滌通宵之昏寢. 杏樹桃花之深洞, 竹林草堂之古寺, 乘槎海上來, 飛錫雲中至 此茶下被於幽人也. 雅曰, 不知我者, 謂我何求. 可憐翠澗陰, 中有碧泉流. 舒鐵如金之鼎, 越泥似玉之甌. 輕煙細沫靄然浮, 爽氣澹煙風雨秋. 夢里還錢, 懷中贈橘, 雖神秘而焉求.

」(『중국차문화경전』119면, 약 400字)

⑥ 북송의 매요신(梅堯臣, 1002~1060)의 「남유가명부(南有嘉茗賦)」(『중국차문화경전』100면, 약 300字)

⑦ 한재 사후 일세기가 지난 1588년에 손대수(孫大綬)가 쓴 「다부(茶賦)」(3,000여 字)

중국 다서는 차산지나 제다, 차의 종류, 전다법, 효능을 쓴 기록이 대부분이고, 음다풍속이나 다공문화(茶供文化) 또는 다예(茶藝, 茶技)를 통해 깨닫는 사상철학을 중시한 책이 거의 없다. 극히 단편적으로 기록된 것이 전부이며, 한재 이전의 중국 『다부』 여섯 편도 마찬가지이다.

한재의 『다부』는 상당히 창의적 내용이고 그 분량이 그 전에 지은 중국의 『다부』에 비해 서너 배가 되며, 서론·본론·결론이 뚜렷하고 내용이 심오하다. 한재는 자신의 글에 대한 평가를 '언순의절(言順義切) 피사모덕(避邪慕德)'이라고 칭찬한다면 받아들이겠다고 했듯이, 『다부』도 '언어가 부드러우면서 의절이 있고, 뜻이 삿되지 않으며 덕을 숭상함'이 잘 나타나 있다.

(3) 한국 다서(茶書)의 구분과 부(賦)

넓은 의미의 '茶書'는 '茶와 茶文化를 주제로 쓴 글'로서 '다문(茶文)'과 같다. 좁은 의미에서는 '차에 관한 서책(茶書冊)' 혹은 '전문다서'를 뜻하며 이를 대체로 '다서'라 한다.

일반적으로 한국 고전다서의 요건은 ① 제목이 있고 본론의 주제가 차(茶)이거나 차문화이면서 ② 내용의 분량이 어느 정도 많아야 하며 ③ 사실성이 대체로 입증되는 글로서 '진명차(眞茗茶)'에 대한 내용이 있고 혼합차나 대용차에 대한 기록이 있는 글이고, ④ 글 전체가 5언이나 7언의 정형시나 절구와 율의 구속에서 부분이나마 벗어난 것이어야 한다. 내용 분량이 적거나 주제와 결론이 차나 차문화와 무관한 '茶'의 글은 다문(茶文)에 속한다.

중국은 다서를 '著', '文', '詩', '잡저(雜著)'로 분류하고(『중국차문화경전』) 부(賦)는 '茶文' 또는 '다예문(茶藝文)'이라 한다.

우리 다서의 문장 양식을 보면, '기(記)·설(說)·부(賦)·송(頌)', 시와 다게(茶偈), 사서(史書)의 다문과 다례문이 있다. 그 외에 비석 글, 제문, 편지, 묵적, 설화, 일기, 약방문, 기타의 글에도 단편적 다문들이 많다.

근대와 현대에 많은 다인들에게 사랑 받고 회자된 우리 다서는 『동다송』(492字)으로, 초의 의순(艸衣 意恂, 1786~1866)이 썼으며 다산·추사와 연관되어 현대인에게 친근하고 문장과 내용이 충실하다. 그러나 본문과 협주(挾註)에 중국 다서를 너무 많이 인용한 점이 아쉽다.

한국 최초의 다서는, 고려의 익제 이제현(李齊賢, 1287~1367)이 쓴 『묘련사석지조기(妙蓮寺石池竈記)』(584字)이다. 여기에는 차를 끓였던 우리 민족 특유의 다조(茶竈)에 대해, 연원과 유래와 쓰임새를 궁구하였고 당시의 기념다회 풍속이 쓰여 있다. 가장 방대한 우리 다서는, 6,000자가 넘은 서유구(徐有榘, 1762~1836)의 『다공(茶供)』[4]이 있다. 또한 서유구의 『잡식(雜植)의 茶』[5]와 『

---

[4] 서유구가 쓴 『임원16지』 속에 있는 '山齋淸供'조의 「茶供」이며, 각 편명은 ① 물(水品) ② 땔감(薪品) ③ 끓이기(湯候) ④ 점다법(點法) ⑤ 척다(滌法) ⑥ 소금 조미론(論調塩) ⑦ 다과론(論茶果) ⑧ 음다법(飮法) ⑨ 다구(茶具)의 순서로 기술하였고, 수많은 중국다서를 보고 그 중에서 중

음청(飮淸)의 茶』와 김육(金堉, 1580~1658)이 쓴 『유원총보(類苑叢寶)의 茶』(약 1,700자)와 안종수(安宗洙, 1859~96)가 쓴 『농정신편의 茶』(약 1,600자)가 있는데, 이 책들은 중국 문헌과 내용을 대부분 인용하여 한국 차문화 내용이 적고 자신의 주장이 분명치 않다. 그러나 3,200자 가량 쓰인 이규경(李圭景, 1788~1856)의 『도다변증설(荼茶辨證說)』과 약 2,000자 되는 이덕리(李德履, 1728~1793~?)의 『기다(記茶)』,[6] 그리고 유집(柳楫, 1585~1651)이 쓴 『茶의 양생문답』(1,043자)은 다서로서 매우 훌륭하다.

한국 다서 중에 백미는 단연 한재 이목이 쓴 『다부』이다. 종합적 전문서일 뿐 아니라 그 글자 수도 1,332자나 되고, 그 내용과 전개가 정밀하다. 서론과 본론이 충실하게 구성되어 있으며, 결론은 다도가 '하학상달(下學上達)'하여 '지도(至道)'를 얻는 공부라는, 교육적이고 철학적인 서적이다.

다서의 내용 분량 기준을 300자 정도로 낮추면[7] 한국 다서는 크게 늘어나, 조선 중기 전승업(全承業, 1547~96)이 쓴 『다창위(茶槍慰)』(352字)가 있다. 실학이 성했던 후기는 이운해(李運海, 1710~?)가 쓴 혼합약차의 다보(茶譜)인 『부풍향다보(扶風香茶譜)

요 내용을 가리고 부분적으로 자신의 견해를 나타내었다. 이 다서는 창의력이 부족한 것이 흠이나 현대의 학위 논문류를 보는 듯하다.
5) 서유구가 쓴 『晚學志』와 『鼎俎志』 속에 있는 '잡식(雜植)'조와 '음청지류(飮淸之類)'조에 들어 있는 「茶」이다. 서유구의 다서 원문은 『茶文化硏究誌』(제15권 64~91면, 한국차문화연구소)에 실려 있다.
6) 초의 의순이 쓴 『동다송』의 '東茶記'는, '東國茶의 기록'이라는 뜻이고 원래 없었던 책이며, 그 내용이 기록된 책 제목은 『記茶』이다.
7) 제목을 포함하여 한적(韓籍) 두 면(약 20행의 300자)이 되는 글을 필자는 대체적 기준으로 삼았다. 중국의 '茶著'에 속하는 당나라 온정균(溫庭筠, 812~870)이 쓴 『采茶錄』은 ≪辨≫이라는 소제목 아래에 있는 글로, 전부 360字이다.

』(293字와 그림 6점), 이덕리의 『다조(茶條)』, 정약용(丁若鏞, 1762~1836)의 『다신계절목』과 『각다고(榷茶考)』, 대용차도 함께 소개한 윤형규(尹馨圭, 1763~1840)의 『다설(茶說)』(2,080字), 신위(申緯, 1769~1847)의 『남다시(南茶詩)』(523字), 김명희(金命喜, 1788~1857)의 『다법수칙(茶法數則)』, 이상적(李尙迪, 1803~1865)의 『기용단승설』, 박영보(朴永輔, 1808~1872)의 『남다(南茶)』, 범해 각안(梵海覺岸, 1820~96)의 『다약설(茶藥說)』(340자)과 『다가(茶歌)』(305자), 그리고 신헌구(申獻求, 1823~1902)의 『해다설(海茶說)』(289자) 등이 있다.

또한 현대에 와서 선조다가들의 차시문(茶詩文, 차시와 茶文)이 모아 엮어지면, 후대에는 또 고전 다서가 될 것이다.

이 책에는 한재의 부(賦) 9편 중에 두 편을 실었다.

부(賦)는 시체(詩體)인 육의(六義 ; 風·賦·比·興·雅·頌)의 한 가지로, 전국시대에 3언 내지 6·7언의 운문인 『초사(楚辭)』에서 발전하여 한대(漢代)에 유행하기 시작하였고, 당송대에 점차 진화하였다. 흔히 잘 알려진 부로는 소동파의 「전 적벽부」(537자)가 있다.

일반적 부는 서술 문장과 시의 중간 형태로서 설명문보다 짓기가 훨씬 어렵다. 그러나 직설로 쓸 수 없는 글을 비유나 은유로 쓰기 좋고, 읽거나 듣는 사람이 즐거워 감동시키므로 깨우치게 하는 살아 있는 글이다. 즉, 부는 삭막하지 않고 풍류가 있으며 상대방의 마음을 배려하는 글이다. 서사적이면서 서정성도 띠었고 전문성이 있으며, 운문과 산문이 섞인 형태이나 통운(通韻)도 흔히 쓰인다. 악기나 일정한 선율에 따르지 않아도 되나, 읽거나 욀 때에 듣기에 거북하지 않아야 한다.

부(賦)의 글자 수는, 읽거나 노래하기 좋으면서 호흡에 무리를 주지 않을 정도인데, 한재는 본론에서 8자를 써서 내용을 강조하였고 찻자리의 '心'이나 '神'을 언급하는 중요 대목에서 글자 수나 운율의 파격을 취한 부분이 많다. 한재는 이 책에서 운율을 ' － 者 － 者', 또는 ' － 之 － 之', 그리고 ' － 也 － 也', ' － 耶 － 耶', ' － 兮 － 兮', ' － 焉 － 焉'으로서 운율을 맞추기도 하였다. 그리고 '其辭曰', '心兮' 등 2~4자의 환운(換韻, 바꾸는 운) 형식도 있다.

시나 송, 부는 예술성이 가미되므로 과장이나 허구성이 따를 수 있으나, 차나 차문화를 주제로 쓴 글은 그렇지 않고 전문적 지식으로 자세한 표현을 한 점이 독특하다.

2. 이목(李穆)의 일생과 사회적 배경

(1) 이목의 가풍과 다연(茶緣)

이목의 자는 중옹(仲雍)이고 호는 한재(寒齋)이며 본관은 전주이다. 성종 2년(1471년) 7월에 지금의 경기도 김포시 하성면(霞城面) 가금리(佳金里)에서 충좌위부사과(忠佐衛副司果)를 지낸 이윤생(李閏生)의 차남으로 태어났다.

한재의 가풍은 검소하고 청렴하였다.

그의 글에는, "나의 집에는 귀한 물건 하나 없고 다만 글 읽는 책상만이 있을 뿐이네. …… 초가집에 나른하게 취하여 무심코 집 위에 떠오르는 달을 본다. …… 나물밥을 배부르게 먹고 나니 낮잠이 오는구나."8)라고 썼다. 한재가 검소함의 미덕에 대한 확신이 있었음은, 왕자의 제택을 위해 여염집의 땅을 강제로 사들인 일에 대해 소를 올린 데서도 볼 수 있다.

그의 검소는 육우가 『다경』에서 "차는 '정행검덕지인(精行儉德之人)'이 마시기 좋다."고 했고, '다성검(茶性儉)'이라 한 내용과 합치된다. 그는 『다부』에서 공자가 의롭지 못한 부귀를 뜬구름으로 여겼음을 따른다고 했고, 『허실생백부』에서는 집에 비가 새더라도 부끄러워하지 않는다고 했다. 한재의 아들 이세장이 청백리로 세상에 알려진 것은 우연한 일이 아니다.

한재는 전문다서를 남겼으므로 오랫동안 다음(茶飮)을 생활화해왔을 것이다. 『다부』의 서론에서 자신은 '질(疾, 차 마시는 버릇)'이 있어 예찬의 글을 쓴다고 했는데, 오늘날도 고질적 다벽(茶癖)이 생기려면 10년 정도 걸리므로, 이미 식구들도 다음(茶飮)을 즐겼다고 보아야 한다. 그리고 당시에 선비가 손수 차를 끓인 가정이라면 후대에 다공문화(茶供文化)가 전해지지 않았을 리가 없다. 이목이 쓴 시에 차를 끓이는 곳이 배경으로 쓰인 다음 글이 있다.

「개성에 독서하러가는 동생 미지를 보내며」
― 送舍弟微之之松京讀書 ―

---

8) 『寒齋文集』 96면 (한재종중관리위원회, 1981) 「次文度兄喜雨韻四首走筆」 "吾家無一物 只有讀書床. …… 茅屋頹然醉 任看月上梁. …… 飽蔬午睡忙."

30

    이씨 집안 자고로 학문을 하였기에
    책을 사랑하고 재물에는 관심이 없네.
    부모님은 늙으셨는데
    우리는 아직 유생이구나.
    학의 꿈은 바위의 노송 위에 있고
    차 연기 피어나니 동네의 달을 가리네.
    은근으로 도를 구해 공부하는 곳에서
    산봉우리의 구름일랑 보지 말게나.

    李氏自文學   愛書不愛金.
    爺孃已白首   吾汝猶靑衿.
    鶴夢巖松老   <u>茶煙洞月陰.</u>
    慇懃求道處   且莫看雲岑.9)

  이 글을 보면 친동생에게 열심히 공부하여 꿈을 이루라는 당부와 함께, 동생도 고향과 다연(茶煙)을 잊지 말라는 글을 쓴 것이다. 그가 효(孝)를 중시하였음은, 윗글에서도 부모 걱정을 하였고, 다른 시에서 "공명(功名)에 뜻이 없으나, 관리가 되는 것은 부모를 위함"이라 한 내용에서 알 수 있다.

  한재는 예술적 재능도 뛰어났으므로 사상을 부(賦)로 멋지게 나타내었고, 또한 유배 시에는 "해질 녘에 난초를 꺾어 갓에 가득 꽂았다네."라고 쓴 글이 있어, 고난 중의 감흥을 다스리기도 하였다.

  (2) 한재의 생애와 정치적 배경

---

9)『寒齋集』上卷 26葉 右.

한재 이목의 일생과 정치적 주변을 정리하면 다음과 같다.10)

○ 성종 2년(1471년) 출생.
○ 성종 5년(1474년) 4세. 김종직이 함양다원을 조성함.
○ 성종 9년(1481년) 8세.
취학하였고 부친은 그의 총명함을 사랑하였다.
○ 성종 15년(1484년) 14세.
점필재 김종직에게 예물을 가져가 제자의 예를 갖추고 문하에서 수학함. 한원 김굉필(金宏弼), 일두 정여창(鄭汝昌), 탁영 김일손(金馹孫), 추강 남효온(南孝溫)과 같이 수제자로 인정받았다.
○ 성종 18년(1487년) 17세.
『춘추좌씨전(春秋左氏傳)』을 즐겨 읽고 범중엄(范仲淹)의 덕을 사모하여 벽에 글을 써 붙여 놓고 항상 우러러 봄.
○ 성종 20년(1489년) 19세.
첫 과거와 두 번째 복시(覆試)에 합격하였다. 생원진사가 되어 반궁(泮宮, 성균관과 文廟)에서 독서하다. 이때 올린 글이 「홍문관부(弘文館賦)」와 「삼도부(三都賦)」이다. 정사(正邪)·선악(善惡)을 가림에 분명하고 정의심이 있으며 충정을 굳게 지키므로 동료들로부터 존경을 받고 명성이 높아졌다. 성균관 대사성(大司成)으로 있었고 당시에 종2품 참판인 김수손(金首孫)이 한재의 사람됨을 달리 여겨 사위로 삼으니, 부인 예안(禮安) 김씨(金氏)를 맞이하다.
○ 성종 21년(1490년) 20세.
성종의 병환을 낫게 하고자 대비가 무녀에게 몰래 시켜 성균관

---

10) 이목의 생애와 사후의 추모 업적은 『한재문집』 3면~10면 163면~231면 의 연보와 『한국문집총간』 등을 참조함.

의 벽송정(碧松亭)에 음사(淫祀)인 야제(野祭)를 행하여 기도하므로, 선생이 제생을 불러 이를 못하게 하고 무녀를 매질해 쫓아내니 대비가 노하여 성종께 고하다. 성종이 그때의 유생 성명을 적어 올리라 하니, 유생들은 무서워 숨었으나 선생은 홀로 피하지 않았다. 왕이 대사성을 불러 교지를 내리기를, "그대가 유생을 잘 이끌어 선비들의 익힌 바가 정당한 데로 가게 하였으니 병이 다 나은 듯하구나." 하며 술을 하사하고 후추를 상으로 주었다. 이 내용은 『해동명신전(海東名臣傳)』에도 실려 있다.

3월에 노산군(훗날의 중종)으로 후사를 이을 것을 주청하였으나 성종은 윤허하지 않았다.

5월에는 윤필상(尹弼商, 1427~1504)이 성종의 총애를 업고 민생을 더욱 고난에 빠뜨리고 제멋대로 정사를 처리하니, 한재는 그의 악독함으로 인해 오랜 가뭄이 왔다고 믿어 상소하기를, "윤필상이 간악하므로 팽살(烹殺)해야만 하늘이 비를 내리실 것입니다."라고 평소의 신념대로 직간하였다. 이 일은 당대와 후대의 사림 간에 절의와 용기 있는 행동으로 회자되었다.

윤(閏) 9월 왕이 문소전과 영은전의 삭참제사에 참례했을 때, 왕자들의 집이 너무 사치스러운 데 대한 폐단과 학교의 정풍에 관해 상소하였다.

11월에 상소하여 윤필상이 대비의 뜻을 좇아 숭불(崇佛)하기를 성종에게 청하자, 그를 간귀(奸鬼)라고 탄핵하다. 왕은 대신을 능욕하고 업신여긴다고 하여11) 극형으로 다스리고자 했으나, 신하

---

11) 성종은 윤필상을 공신으로 여겼다. 세조의 총애를 받았거니와, 1479년에 명나라가 건주위를 토벌할 때 노원수가 되어 명군을 도와 큰 공을 세웠기 때문이다. 윤필상은 1477년에 백성의 재산으로 사복을 채웠다는 이유로 파직된 적이 있다.

들과 유림(儒林)의 소청으로 충남 공주(公州)에 유배되었다. 공주에서 땔나무 해오고 낚시하며 인생의 고난을 관조한 시 「차운 5수(次韻 五首)」가 남아 있다.

○ 성종 22년(1491년) 21세. 귀양이 풀리다.
○ 성종 23년(1492년) 22세. 스승 김종직이 별세함.
○ 성종 24년(1493년) 23세.

하정사(賀正使, 새해 축하 임무의 사신)인 장인 김수손을 따라 10월에 명나라 연경(燕京, 북경)에 들어가서 문물을 구경하였다.

○ 성종 25년(1494년) 24세.

3월에 연경에서 귀국하였다.12) 이 해 12월 24일에 성종의 승하로 복상하였다.

○ 연산군 원년(1495년) 25세.

10월에 별시문과에 장원급제함(「天道策」과 「登庸人才策」으로 답함). 12월에 성균관 전적(典籍)과 종학사회(宗學司誨)를 제수 받았다.

○ 연산군 2년(1496년) 26세.

정6품의 외직 무관인 영안남도(함경남도) 병마평사(兵馬評事)로 봉직함.

○ 연산군 3년(1497년) 27세.

휴가를 하사받아 남산 기슭의 호당(湖堂, 독서당)에서 사가독서

---

12) 『성종실록』 25년(1494년) 甲寅 3월 己亥 "正朝使金首孫李秉正 回自京師. 上引見." (崔英成 「寒齋 李穆의 〈茶賦〉 研究」 483면 (『韓國思想과 文化』 제19집 韓國思想文化學會, 2003)

이 내용을 근거로 보면, 김수손과 이목이 명나라 효종(孝宗)의 인사차 연경으로 출발한 시기는 성종 24년(1493년)임이 확실하다. 『한재문집』 180면의 연대는 오류이다. 한재가 연경에 간다는 내용은 김일손(1464~1498)의 『탁영집(濯纓集)』에서 찾아진다.

함. 6월에 아들 세장(世璋)을 낳음.

　○ 연산군 4년(1498년) 28세. 별세함.

　무오사화(戊午士禍)가 일어나다. 7월에 선생은 투옥되고 김일손·권오복(權五福) 등과 함께 참형되었다. 김종직이 쓴 「조의제문(弔義帝文)」13)이 『성종실록』을 쓰면서 발견되자, 이는 세조를 비방하는 내용이라고 훈구파 권신들이 연산군에게 고하고 충동질하여, 죄의 원흉으로 김종직과 문생들을 지목하여 사화가 일어났다. 선생은 7월 27일에 피화(被禍) 순간까지도 신기(神氣)가 평상시와 같았고, 동요하는 안색이 조금도 없었으며, 다음의 「절명가(絶命歌)」를 읊고 세상을 마감하였다.

　　　검은 까마귀 모인 곳에　　　　　黑雅之集處兮
　　　흰 갈매기야 가지 마라.　　　　　白鷗兮莫去.
　　　성난 까마귀 만나면　　　　　　　適彼雅之怒兮
　　　너의 흰색 시샘하니,　　　　　　諒汝色之白歟.
　　　맑은 강에 깨끗이 씻은 몸　　　　淸江濯濯之身兮
　　　피로 물들일까 염려로다.　　　　惟慮染彼之血14)

　　　책 덮고 창을 여니　　　　　　　掩卷而推窓兮
　　　맑은 강에 백구 떴구나.　　　　　淸江白鷗浮.
　　　우연히 침을 뱉다가　　　　　　　偶爾唾涎兮

---

13) 중국 진나라 말엽에 항우(項羽)에게 죽임을 당한 의제(義帝)를 단종에 비유하여 애도한 문장이다.
14) 이 시의 앞부분 여섯 구절은, 원문의 제목에 협주 형식으로 '反諺(언문을 돌이킴)'이라 쓰여 있다. 이는 정몽주의 어머니가 아들을 위해 지었다는 시조인, "까마귀 싸우는 곳에 백로야 가지마라. 성낸 까마귀 흰빛을 새오나니, 청파에 조히 씻는 몸 더럽힐까 하노라."를 한문으로 다시 쓴 것이다. 이로 보아 한재는 포은을 평소에 존경하였음을 알 수 있다.

백구 등을 젖게 하였네. 漬濡乎白鷗背.
백구야 화내지 마라 白鷗兮莫怒
세상 사람을 더러워하여 침 뱉는다네. 汚彼世人而唾也.

여기서 백구(白鷗)는 한재와 같이 '正'과 '義'를 중시하는 도학파 사림들이고, 화가 난 검은 까마귀는 불의를 자행하는 훈구파 권력공신들을 뜻한다. 뒷 구절의 '침을 뱉는다' 함은 연산군이 내키는 대로 사림을 처단하는 것을 의미한다. 이는 한재가 같이 참형되는 동료들을 위로하는 글인 것 같다.

무오사화의 가장 큰 원인은 연산군의 폭정이다. 신진 사류(士類)가 관계(官界)의 중앙에 등용된 것은, 고려 말 성리학이 유입된 이후에 이제현과 이색과 정몽주 등이 있었고, 조선 초에도 권근, 서거정 등 적지 않았으며, 역모를 꾀한 죄도 아니었기 때문이다.

(3) 한재 사후 정치의 지각 변동과 추모 업적

한재 사후 6년이 지난 연산군 10년(1504년)에는 생모인 윤씨 폐위사건을 문제 삼아 갑자사화(甲子士禍)가 일어나, 한재는 부관참시의 추형(追刑)을 당하게 된다. 이때 한재와 친밀했던 이주(李胄, 1468~1504)도 학살되며, 또한 훈구파인 윤필상도 추죄되어 유배되고 사약을 받았다. 한재가 무오사화 때 죽음을 면했더라도, 폭정으로 인한 갑자사화를 피할 수는 없었을 것이다. 두 차례의 사화(士禍)로 성종 때 양성된 많은 도학자들이 화를 입었다.

중종 때에 와서 한재는 아래와 같이 죄명을 씻고 명예를 회복하게 된다.

○ 중종 원년(연산군 12년, 1506년)에 성희안(成希顔)을 포함한 대신들과 성종의 계비 정현왕후 윤씨의 힘으로 진성대군(中宗)을 왕으로 추대하는 중종반정이 일어난다. 한재 사후 8년만인 이 해 9월 이목의 관작이 회복되었다. 이후 숙종 때까지 작위를 두 차례 더 올려 받게 된다.

○ 중종 2년(1507년)에 왕의 하교로 한재의 가산을 환급받았다. 윤필상·노사신·한치형·유자광 등은 훈작 삭탈 및 재산과 노비 환수가 조치됨.

○ 명종 4년(1559년)에 한재가 귀양 갔던 인연으로 공주의 충현서원(忠顯書院)에 배향되었다.

○ 숙종 44년(1708년)에 예조판서 민진후가 한재의 업적을 왕에게 아뢰고, 영의정인 김창집(金昌集)이 시호를 증여하는 은전이 있어야 함을 주상하니15) 1722년에 임금이 '정간(貞簡)'을 하사하였다.

○ 정조 5년(1780년)에 전주 황강서원(黃岡書院)에 배향함.

○ 헌종 15년(1849년)에 사당집 '정간사(貞簡祠)'를 통진(경기도 김포군 월곶면 군하리의 읍 이름. 1914년 김포군에 병합됨)의 여금산 묘 아래에 세우고 제사를 받듦.

한재의 부인 예안 김씨(禮安 金氏, 1478~1558)는 한재의 복권을 보고 81세까지 수를 누리어, 훌륭한 다섯 손자를 두었으며 증손자가 10명이었다. 김씨는 한재가 억울하게 화를 당할 때 13개

---

15) "이목은 士로서 泮宮에서 공부할 때 氣節이 卓異하여 필경은 酷禍를 입었으니 국가의 표창하는 도리에 마땅히 시호의 은전이 있어야 가합니다." (한재종중관리위원회 『한재문집』 3~10면, 1981)

월 된 아들 세장을 안고 친정인 공주의 부전(浮田, 공주군 우성면 내산리 경사동)으로 내려가 의로써 가르쳐, 문과에 급제하게 되고 감사(監司)를 지내었으니, 김씨의 덕성이 무척 컸음에 틀림없다. 양처현모(良妻賢母)로서 지고한 노력을 하였기에 『한재집』이 남게 되었으니, 당대의 문인화가인 사임당 신씨(申氏, 1504~1551)에 못지않다고 하겠다. 예안 김씨의 묘는 공주에 있다.

아들인 이세장(李世璋, 1497~1562)은 호가 '금강(錦江)·어수(漁叟)'였다. 흉년이 들자 함경도 암행어사로 나갔고, 이후 도승지를 거쳐 강원도 관찰사에 이르렀으며 5남 3녀를 두었다. 명종은 이세장과 비슷한 연배의 퇴계 이황(李滉, 1501~1570)과 함께 청백리에 등록되는 은전을 주었다. 그리고 그는 아버지의 책을 만들고자 글을 수습하여 엮었고, 막내아들이자 이목의 손자인 이철(李鐵)이 승지를 지내면서 『이평사집(李評事集)』을 간행하였다.

비록 연산군의 폭정으로 한재와 사림학자들이 서리를 맞았으나, 의리정신과 진리 사랑의 열정은 그대로 이어져, 임진란 등 나라가 어려울 때 보전되었다. 오늘날 우리는 세계적으로도 공부하기를 좋아하는 국민으로 호평이 있으며, 경제·문화의 선진국으로 설 것이 예상되는 것은, 이러한 선조들의 후손이기 때문일 것이다.

3. 한재의 학문과 다도관

(1) 한재 학문의 원류와 철학사상

이목은 소년기에 이미 사서오경의 기초 공부를 했을 것이다. 그는 김종직이 54세인 해에 문하생이 되어, 스승이 1489년에 밀양으로 돌아가기까지 8년 정도 학문을 수학하면서 자신의 학문과 사상적 기초를 다졌음이 틀림없다. 19세에 진사가 되어 현실정치의 적극적 비판을 하다가 귀양을 갔다 와서, 스승이 별세한 후에 연경에서 문물을 구경하고 돌아와, 25세에 별시문과에서 자신의 사상과 철학을 「천도책」으로 밝히게 된다. 그가 27세에 호당에서 독서하면서 자신의 사상이 원숙된 것 같다.

점필재 김종직(金宗直, 1431~1492)은 본관이 선산이고 밀양에서 태어났으며 시호는 '문충(文忠)'이다. 그는 길재(吉再)와 아버지인 김숙자(金叔滋) 학통을 이은 유학자로서 형조판서와 지중추부사에 이르렀으며, 영남학파의 종조(宗祖)로도 받들어진다.

그는 유학의 이론에 머물지 않고 위민정신이 투철하였으며, 효제충신의 실행을 중시하였다. 40세에 어머니 봉양을 위해 함양군수가 되고, 42세부터는 간간이 봄가을로 향음주의와 양로례(養老禮) 및 향사례(鄕射禮)를 설행하였다. 56세에 『동국여지승람』 편찬을 탈고하고 발문을 썼다.

함양군민은 김종직 생전에 생사당(生祠堂)을 세우고 매월 삭망

때마다 참알했으니, 그의 인품과 사림정치가 크게 존경받았음을 알 수 있다. 제자인 조위(曺偉)는 1494년에 홍귀달(洪貴達)이 지은 비문으로 신도비(神道碑)를 세웠는데, 신도비는 임금이나 고관의 묘 남동쪽 큰길가에 남향하여 세우는 돌비석이다.

수백 명의 제자를 길러낸 그는, 훈구파와 심한 반목과 대립이 있었다. 그가 지은 「조의제문(弔義帝文)」을 사후에 제자 김일손이 사초에 넣은 것이 문제되어 무오사화가 일어나, 점필재는 부관참시 당하였고 그의 뛰어난 제자들이 많이 희생되었으며, 문집이 상당히 소실되었으므로 그의 학문적 업적이 제대로 드러나지 못한 점이 아쉽다. 한재의 아들인 이세장보다 네 살 적은 퇴계 이황은, 김종직의 학문을 사장(詞章)에 머물렀다고도 하나 이는 온당하지 않으며, 김종직의 다음 세대에 가서야 도학과 문장이 갈라지게 되었음을 생각할 때, 한퇴지(韓退之)와 같은 위치에 있었다고 하는 견해16)가 참작되어야 할 것이다. 퇴계는 학문을 위한 학문에 충실했으나, 위민을 위한 현실적 제도 개혁이나 실행에 몰두한 업적은 별로 없다.

한재는 또 다른 스승으로, 성균관에 수학하면서 나암 이문흥(李文興, 1423~1503)을 존경하였다. 그리고 청백리이자 대학자인 성현(成俔, 1439~1504)은 한재 27세에 독서당에서 공부하는 휴가를 하사 받는 데 도움을 주었고, 호를 용재 외에 '허백당(虛白堂)'이라고도 했으므로 『허실생백부(虛室生白賦)』와 연관이 있다.

이목은 고려 말의 석탄 이존오(李存吾, 1341~1371)를 무척 경모하여 사숙 스승으로 삼았다. 석탄은 신돈의 면전에서 그의 횡포

---

16) 최영성 「寒齋 李穆의 道學思想 硏究」(『韓國思想과 文化』 제12집, 韓國思想文化學會) 188~189면, 2001. 6.

를 탄핵하여 공민왕의 노여움을 샀으나, 이색 등의 변호로 극형을 면하고 좌천되어 은둔생활을 했는데, 정의를 실행한 점이 이목과 비슷하다. 그리고 한재는 점필재 아버지의 스승인 야은 길재와, 길재의 스승인 목은 이색과 포은 정몽주도 사숙하였다.

한재의 학문적 업적은 그가 쓴 논문인 「천도책(天道策)」, 「등용인재책(登庸人才策)」, 「치란흥망책(治亂興亡策)」과, 『다부』와 『허실생백부』와 일곱 편의 부(賦)에서 나타난다.

그는 26세에 다우(茶友) 이주와 함께 「칠보정의 연꽃 감상(七寶亭賞蓮詞)」에서 수창하며 쓰기를, "전성(前聖)과 후성(後聖)이 한 마음이니, 이로써 구도하고자 하네.(知前後之一心兮 願因斯而求道.)"라 한 데서 학문의 뜻을 구도라고 밝혔다. 또 그는 "문왕을 이은 공자 유학의 근원은 '人心'에 있으니, 만고의 세월이 하루와 같다."(「홍문관부」)고 하여, 그의 주된 학문은 사실상 유가의 원류적 도학을 이었다고 할 수 있다. 지재 민진후(閔鎭厚, 1659~1720)는 경연에서, "(한재는) 태학을 베풀어 공자를 높이 받든 뒤로부터 실로 우리 동방의 일인자입니다."라 하였다.17)

한재의 「묘지명」을 보면, "이목은 어려서부터 『춘추좌씨전(春秋左氏傳)』(이하 『춘추』)을 즐겨 읽었고 범중엄(范仲淹)을 사모하였다."고 했다.18)

공자가 엮은 중국 최초의 편년사(722~481 B.C.) 서적인 『춘추』를 좋아한 것은, 공자 이전 선진시대의 역사와 철학에 관심을 두어 개인의 학설보다 긴 안목의 철학사에 몰두했으며, 개혁과

---

17) 『차 노래글 茶賦』 嘉泉文化財團, 146면, 1994.
18) 『寒齋文集』 233면.

정치적 변화를 읽고 또한 학문적 원류를 중시했음을 나타낸다.

범중엄(范仲淹, 990~1053)은 북송의 절의 있는 명신으로 존경받았는데, 그는 『중용』과 『역경』을 중시했고, 『의장규구(義莊規矩)』는 당시에 큰 파급을 주었다. 경력(慶曆)을 개혁하고자 했으나 반대파로 인해 실패하였고, 저서로는 『범문정공집』이 전한다.

한재가 『다부』와 『허실생백부』에서 존경심을 나타낸 인물을 보면, 요·순·우·탕 임금과, 이윤·주공·공자·노자·맹자, 백이·두보·안회, 그리고 양웅(揚雄, 53~18 B.C.)과 한유(韓愈, 退之, 768~824)가 있다. 전반적으로 그의 관심을 끈 것은 하대(夏代)와 은대(殷代) 사상, 의(義)와 호연지기, 위민과 개혁사상, '天'의 과학과 철학, 무위 등이다.

당시의 그는 상당히 합리적이고 경험적이며, 실용적이고 과학적 사유를 하였다.

『다부』에서도 허황된 이야기는 쓰지 않고 '若(마치~와 같다)' 등으로 비유하거나 은유법이 쓰였고, 과장되거나 사실을 왜곡하지 않았다. 도가의 장생법으로 쓰이는 단약이나 백석 끓이기를 믿지 않았으며, 차(茶)보다 못하다고 썼다. 『허실생백부』도 『장자』에 나오는 허구적 내용을 쓰지 않고, 구체적이고 쉽게 알 수 있는 '빈 공간'과 '밝음'에서 침착하게 '人'과 '天'의 이치를 깨달아, 명덕(明德)이 먼 데 있지 않다는 교육적 의미가 내포되어 있다. 26세에 쓴 사(詞)에서도 "육예(六藝 ; 禮·樂·射·御·書·數)의 남은 향기를 숭상한다."[19]고 하여 실용학문을 중시했다.

「천도책」에서는 천인무간(天人無間)을 주장하고 역상(歷象)과 성(星)의 운행, 자연재해에 대해 앞선 학문에 크게 관심을 지녔다.

---

19) 『寒齋文集』 30면 「七寶亭賞蓮詞」 "雖前脩之莫見兮 尙六藝之餘芬."

그가 『역경』 읽기를 무척 즐겼다는 점은, '天'과 '人'의 합일을 추구함이며, 또한 자신의 천성이나 운수를 가늠하고 뛰어넘는 지혜를 구하고자 함이었을 것이다.

한재 학문의 목표는 '天의 眞心'과 똑 같은 '人의 本心'을 알고 이를 실행하는 것이다. 즉, 구도(求道)공부와 달도(達道), 그리고 득도(得道)의 실행이라는 세 가지 양상으로 나타난다. 여기에서 기초적 필수과목은 '청신(淸神)하기'이고 이는 '心'의 수양인 '허실(虛室)의 마음 비우기'이다. 이를 위해서는 '茶'와 찻자리만큼 효율적인 공부가 없음은, 신라·고려의 다가들뿐 아니라 한재도 절실히 깨달았음을 그의 글에서 알 수 있다.

(2) 천인무간(天人無間)과 득중(得中)

유가(儒家)의 이상은 천인합일(天人合一)이다. 이를 한재는 「천도책(天道策)」에서 '하늘과 사람은 같은 것'이라는 뜻으로 '天人無間'이라고 표현하였다. '천인무간'은 목은 이색도 이미 언급하였다.[20] 그의 견해가 나타난 내용을 보면,

> 옛 사람의 말이 있으니, '實(성실)'로써 하늘에 응하면 하늘이 '文'으로써 도와주고, 實로써 응하지 않으면 하늘은 재앙을 주신다고 하였으니 만고를 통찰해도 역시 그렇지 않습니까 …… 청컨대, '天人無間'으로 끝을 엮어 바치고자 합니다.[21]

---

[20] 이기동 『이색』 80면, 성균관대 출판부. 『목은문고』 권1 「西京風月樓記」 "天人無間 感應不忒. 故彛倫敘而政敎明 則日月順軌 風雨以時 …… 然則 理亂之機 審之人事而可見, 理亂之象 求之風月而足矣."

[21] 『寒齋文集』 117면 「天道策」 "古人有言, 應天以實 則天佑之以文, 而不以實 則天災之 洞視萬古 不亦然乎. …… 請以天人無間爲編 終獻焉."

라 하였다. 그리고 연이어서 『중용』의 글귀를 들어, "誠者天也, 誠之者人也. 則天人之性一也.(誠은 하늘이요 성실하고자 함은 사람이다. 그러므로 하늘과 사람의 性은 하나이다.)"라 했고, 『예기』의 예를 들어, "天人之心一也."라 했으며, 『역경』의 예를 들어, "天人之道一也."라 했으며, 『서경』의 예를 들어, "天人之好惡一也."라 했다. 즉, 하늘과 사람은 각기 다른 개체이지만, '性'뿐만 아니라, '心'과 '道'와도 같다는 것이다. 이어서 말하였다.

> 그러므로 하늘의 性은 곧 나의 性이요, 하늘의 마음은 곧 나의 마음이며 하늘의 道는 곧 나의 道이다. 하늘의 좋아하고 미워함은 곧 나의 좋아하고 미워함이다. 그러니 우리의 마음속에는 역시 하나뿐인 하늘이 있다.
> 故曰, 天之性 卽吾之性, 天之心 卽吾之心, 天之道 卽吾之道. 天之好惡 卽吾之好惡. 然則 吾人方寸間 亦有一天也. 22)

다시 말해, 천성은 인성이고, 천심은 인심이며, 천도는 인도라는 말이다.

그런데 그의 '天'은, 해와 별과 구름 등이 나타나며, "나에게 있는 별을 살핀다.(而察在吾之星.)"라고도 하였다. 그러나 『허실생백부』에서 "心體之本明者.(심체는 본래 밝은 것이다.)"라 했으니, 사람의 성실한 노력으로 흐려진 '天'을 본심의 '天'으로 회복할 수 있다는 것이 그의 핵심적 철학이다.

앞의 「천도책」에 나오는 군자정치에서 '實'을 어떻게 얻을 것인가에 대해 한재는 '득중(得中)의 心'을 중시하였다.

---

22) 『寒齋文集』 117면 「天道策」.

요로부터 순과 우에게 전해진 다음의 말은 '도통의 심법' 전수로 통한다. 즉, "人心은 위태롭고 道心은 은미하므로, 오직 정일(精一)을 기해야만 그 中을 잡을 수 있다."23)는 것이다. '中'을 잡는다는 '執中'은 도학(道學, 또는 心學이라고도 함)이라 일컫는 공부의 핵심이다.

그는 「천도책」에서 '희로애락'은 하늘의 '중성(中星)'이라 하였고 '仁義禮智信'을 하늘의 '오위(五緯)'라 하며, "나의 중성이 움직여져 中을 얻으면 빛나는 영화가 있고 …… "라 하고, "그 道가 섰는데 中을 얻지 못하면 삿된 기운이 생긴다."고 하였다.24) 그리하여 결론은, 국왕도 성인과 같이 中을 얻어 우주의 하늘이 아닌 '吾之天(나의 하늘)'을 밝히라는 것이다.

한재가 중시한『서경(書經, 尙書)』에는 유학의 원류인 요·순·우·탕의 고대 유학과 이윤(伊尹)의 개혁 덕치가 기록되어 있다. 이러한 인문학은 공자로 이어진다.25)

(3) 지행일체(知行一體)와 오심(吾心)사상

『대학』의 첫 구절에는, "학문의 도는 명덕 밝힘과 친민과 지선에 있다.(大學之道 在明明德 在親民 在止於至善.)"라고 씌어 있다. 군자는 명덕을 지니는 데서 나아가 이를 밝혀야 하고 친민(親民)의 실행을 해야 한다. 즉, 진리를 깨우쳐 아는 것만 중요한 것이 아니라, 자신의 확대로서 현실의 가족과 사회와 나라에 유익하게

---

23)『尙書』「虞書·大禹謨」"天之曆數在汝躬, 汝終陟元后 人心惟危 道心惟微, 惟精惟一 允執厥中." (김충렬『중국철학사』122면)
24)『寒齋文集』118면, 「天道策」
25)『寒齋文集』39면, 「弘文館賦」

실행하는 것이다. 이는 불교도 마찬가지이다.

요·순이 '心'을 집중한 이유도 '친민'이고 사실상 위민을 위한 덕치를 하였다. 오늘날의 '民'은 중류계층도 포함되나, 옛날의 '위민'은 지도층의 소수 위정자가 아닌 대부분의 백성을 뜻한다.

이목이 『허실생백부』 서론에서 '心體之本明者'라고 한 심체는, 밝고 의심이 없는 하늘과 사람의 공통적 본심인 명덕을 뜻한다. '명덕을 밝힘'은 객관적이고 우주론적 '天理'에 그치지 않고 주체적으로 실행이 겸비되어 있는 '心'을 말한다. 『다부』의 결론에서 '吾心'에 '茶'가 있다 하여, 이미 차의 덕이 '心'에 분신으로 자리 잡아 하나 되었음을 뜻하였다. 그러므로 선비의 참되고 확고한 '知'는 '行'이 분리되지 않음을 뜻한다.

한재는 '明明德'하기 위해서는 지행일체(知行一體)이어야 함을 확신하였다.

군자를 지향하는 선비가 명덕을 밝히려면, 수신·제가해야 한다. 그리고 현실을 직시하여 개선을 위한 비판과 대안이 있어야 하고, 정치나 경제·사회 일선에서는 '의행(義行)'을 해야 하며, 후학을 교육하고 학문을 전달하는 글을 써야 한다. 한재의 지행일체는 위민의식, 자신의 청렴함, 등용인재책을 포함한 제도 개혁과 대안에 관한 글, 그리고 차를 따고 손수 끓이며 다서를 쓴 데서 찾아진다.

점필재를 본받은 한재의 위민(爲民)정신은 그의 시에서 간간이 나타난다.

「영주의 뱀(蛇)」이라는 부에서, 백성들의 가난과 슬픔을 짓밟고 가혹한 세금으로 욕심껏 거드럭거리며 사는 모질고 사나운 조정 관리를 뱀보다 더 독하다고 했다. 딱따구리는 좀벌레인 탐관오리를 쪼지 않는다고 한탄하였다. 그리고 백성들은 가혹한 정치로 인해 삶을 사갈(蛇蝎) 또는 인간뱀에게 맡겼다고 여기어, 이를 잡아 세상 고칠 약을 만들어야 한다고 썼다.

스승 김종직도 노년이 되도록 청렴했듯이,26) 사실상 덕을 갖춘 유자(儒者)라면 관리로서 검소함은 당연한 귀결이었을 것이다. 이는 이목의 집안이나 계곡 장유(張維, 1587~1638), 그리고 다산 정약용도 마찬가지였다.

위민하려면 행정을 하는 인재가 중요하므로 그는 「등용인재책」에서 자신의 견해를 밝혔다. 그 내용은, ① 인재를 기르되 왕이 몸소 행하고 마음으로 얻어야 하고 ② 제도와 운영 시행방법에 철학이 있어야 하며 ③ 현인을 재상으로 뽑아야 한다는 것이다.

위와 같은 지행일체사상과 『다부』에 나오는 '吾心'의 다도는 '心卽理'를 주장한 송나라 육구연(陸九淵, 1139~1193)과 명나라 왕수인(王守仁, 1472~1528)의 사상과 매우 유사하다.

호가 '陽明'인 왕수인은 한재보다 한 살 늦게 태어났고, 47세에 문답집인 『전습록(傳習錄)』을 간행하였으므로, 한재가 그의 영향을 받았다고는 볼 수 없다. 그러나 '상산(象山)선생'이라 불린 육구연은 회암 주희(朱熹, 1130~1200)와 같은 시대의 인물이었다. 주희가 강연을 두 차례 청하였고 그를 크게 칭찬하였으나, 두 사람은 편지로 무극태극(無極太極)을 논쟁하였고 결국 합일점을 찾지 못했다.

육왕학은 '理'를 외물에서 찾지 않고 주체적 사상을 중시했는데,

---

26) 성종은 60세인 점필재의 청빈함을 듣고 쌀 70석을 하사하였으며, 이 듬해에 또한 사관을 보내어 문병하고 노비와 전답을 하사하였다.

한재는 '(성인과 왕은) 吾之天'을 밝히고 '吾之星'을 살핀다고 했으며,27) 『다부』에서 '吾心之茶'와 같이 '吾心'을 강조한 것이 육구연과 같다. 그리고 『허실생백부』에서는 허실을 '오중(吾中)의 공동(空洞)'이라 했다.

한재 이목의 지행일체사상은 왕양명의 지행합일과 유사하다. 왕양명은, 성인의 학문은 오직 양지(良知)를 이루는 것일 따름이다."28)라 하였고, 주자는 '知'만 위주로 하지만 자신은 '知行'을 겸했다고 하였다. 즉, 주자학의 '先知後行'설에 대해 '知行合一'을 주장했다. 그의 양지(良知)는 한재의 '심체(心體)'나 '하늘과 사람의 맑은 본심(本心)'과 거의 같다. 또한 한재가 말한 '天을 가리운 구름'은 양명(陽明)의 '꽃에 뒤섞여 있는 잡초'와 닮았다. 따라서 한재 이목은 왕양명을 앞선 심학사상가라 할 수 있다.

한재가 부패한 관리들의 삿되고 어두운 '心'을 밝히기 위해 깊이 고뇌하며 지은 이 책 두 편의 부(賦)는, 사실상 '한재 心學'의 대강이 된다.

최영성은 다음과 같이 주장하였다.

> 한재는 진리의 보편성을 인간의 '一心'에서 찾고자 했다. 진리와 인간주체의 일원성이 한재 심학의 기본 입장이었다고 할 수 있다. 인간주체에 대한 자각은 한국사상이 문제 삼았던 초점이기도 하다. 인간주체의 확립! 이것은 물질만능주의에 빠져 인간성을 상실하고 물질의 노예가 되어 허다한 한계와 폐단을 드러내고 있는 현대사회에 있어서, 시급히 요

---

27) 『寒齋文集』 118면, 「天道策」 "故聖人不天之天, 而明在吾之天, 不星之星 而察在吾之星."
28) "心之良知是謂聖. 聖人之學, 惟是致此良知而已." 『전서』 권8. (『陽明學通論』 116면)

청되는 중요한 과제라 하겠다. 한재 심학사상의 의의는 여기에서 찾아야 할 것이다.29)

이는 한재 심학에 대해 새로운 조명이 필요함을 뜻한다.
한재가 요절하지 않고 원숙기를 거쳤더라면 왕양명을 능가하는 사상적 선각자가 되었을 것으로 생각된다. 또한 그가 닫힌 사회에서 명덕을 밝히기 위해 지행합일의 노력을 한 점은, 후악인 퇴계는 물론 공자보다 훌륭하다고 볼 수 있다.
두 차례의 사화 이후 성리학은 더 높은 장벽의 정치철학으로 굳어지게 되나, 임진・병자 양란을 겪은 후에는 다양한 학문에 대한 갈구가 또 다시 있게 된다.
한재의 사숙 후학이자 다가인 계곡 장유는 유불도와 양명학에 두루 통달하였다. 그는 16세기 후반 퇴계・율곡 이후로 학문이 정주학 일변도로 획일화되고 교조적 성향을 띠게 된 것을 사상적 황무지에 비유하였으며,30) '言'과 '行'이 일치되지 않고 '知와 行'이 일치되지 않는 표리부동(表裏不同)의 정주학자(程朱學者)들을 비난하였다.31)

---

29) 최영성 「寒齋 李穆의 道學思想 研究」(『韓國思想과 文化』 제12집, 韓國思想文化學會) 210면, 2001.
30) 김길환『한국양명학연구』32면, 일지사, 1994.
31) "근세(近世)의 이른바 학자는 학문을 높일 수도 없고 자기 몸을 홀로 선(善)하게 하고자 한 것도 아니다. 입으로 지껄여댄 것을 귀로 듣고 주워 모아 겉으로만 언동(言動)을 가식함에 지나지 않는다. 그러나 말로는 '나는 道를 밝힌다. 나는 理를 궁구한다.'고 하며, 일시적으로 보고 들음을 현혹하게 하여 마침내 드러난 명성을 얻으려고 할 뿐이다. 천성(天性)을 존중하고 道를 전하는 알맹이를 똑바로 본다면, 한 점일지언정 쳐다볼 것이 없다. 따라서 그들의 뜻이라는 것은 사심(私心)뿐이다."(『한국양명학연구』54면)

김길환은 아래와 같이 말하였다.

> 조선조(朝鮮朝)에는 좋으나 싫으나 학자의 학문은 정주학(程朱學)이이어야 한다. …… 획일주의(劃一主義)는 마치 고여 있는 물과도 같아서 부패하고 변질되기 마련이다. 때문에 조선조의 사회가 비리(非理)와 독단(獨斷)과 전횡(專橫)과 배척과 모함으로 점철되었던 것은 결코 우연이 아니다. 허화(虛華)와 위선(僞善)이 춤추어 실득(實得)이라고는 찾아볼 수 없었던 것은 하나의 필연이었다.32)

이 내용은 긴 안목의 동서 역사가 증명하는 바이다.
장유와 동시대의 인물들인 허균(許筠, 1569~1618)과 최명길(崔鳴吉, 1586~1647) 등도 육왕학에 관심을 두었는데, 이들이 다가(茶家)인 점을 볼 때 '茶'와 '心'은 유관하며, 이는 오늘날의 과학으로도 인정되는 바이다.

(4) 한재의 다도관(茶道觀)과 교육적 의미

한재 이목은 과연 유가의 '달도(達道)'와 '명덕(明德)의 도를 득함(得道)'에 이른 것인지 고찰하고, 그의 다도관(茶道觀)과의 연관성을 살펴보고자 한다.
이 내용의 요점은 『허실생백부』와 『다부』를 보면 대체로 드러난다.
『허실생백부』의 제3장에서는 생백(生白)되는 명덕의 실체를 밝히면서 "所以樂天而知命兮"라 하여, 천명(天命)을 즐거워하고 또

---

32) 김길환 『한국양명학연구』 56면.

한 안다고 하였다. 이 글의 '知命'은 하늘이 부여한 자신의 '性'을 따라 직분을 바르게 인식하는 것이다. 『논어(論語)』「요왈(堯曰)」에 "不知命 無以爲君子也.(명을 알지 못하면 군자가 될 수 없다.)"라 하였으니, 자신은 천명을 아는 군자임을 나타낸 것이다. 군자는 유가의 이상적 인간을 뜻한다.

그리고 『다부』 제9장과 『허실생백부』 제4장에서 각각 "神動氣而入妙(신명이 영기를 움직여 묘경에 드니)"라 했는데, 이는 '도경(道境)'을 체험한 것을 글로 남긴 것이므로, 그가 유학의 밝은 도를 구하여 얻었음을 뜻한다. 그리고 "어찌 근본이 둘이겠는가? 극에 이르면 모두가 하나의 리라네.(豈厥本之有二兮 盖至極則皆理.)"라든가, "이제 하나로 돌아가 만사를 보게 되니(方歸一而視萬兮)"라고 한 내용도 예사롭지 않다.

'茶는 道'라는 인식은, 고려의 이규보(李奎報)와 이색 그리고 김시습이 이미 직설로써 설파하였다.[33] 한재 이목도 역시 은유적으로 쓰기를, 다공(茶供)은 지도(至道)를 위한 공부이고 또한 그로써 '道'를 '得'할 수 있다고 확신하였다. 이러한 그의 다도관은 『다부』에 다음과 같이 나타난다.

『다부』 제6장에서 차를 마시고 호연지기가 생겨났고, 다섯 잔과 여섯 잔을 마시고 마음은 하늘의 일월처럼 밝아져 명덕을 알게 되며, 소보와 백이보다 더 맑은 청덕을 지닌 것 같아져서, "揖上帝於玄虛(현허에 있는 상제에게 읍을 하도다)."라 했다. 그리고 일곱째 잔을 조금만 마셨는데 바로 가까이 천상계의 문이 있다고 하였다. 이러한 내용들은, '正'과 '義'를 중시한 그가 확실히 깨달

---

33) 정영선 「이색(李穡) 다도의 문화사적(文化史的) 업적과 후대에 미친 영향」(제2회 차문화 학술심포지엄, 계명대차문화연구소, 2010). 『다도철학』 201~206면.

아 알지 않고서는 함부로 글로써 남길 수 없는 내용이다.

그는 제8장 후편에서 자신과 선고다인들에게 돌아와 "掃除五害 凌厲八眞(五害를 없애고 팔진을 용감히 넘어선다네)."라 하였는데, 이 글의 '팔진(八眞)'은 운수팔자를 의미하므로 그가 범인을 넘어 섰음을 뜻한다. 그리고 제9장에서는 생사일여(生死一如)를 깨달았 다고 했다. 오늘날의 언어로 표현하자면, 그는 '도인(道人)'이었음 이 틀림없다.

마지막 구절에서, 묘경에서 생겨난 즐거움으로 낙도하며 '吾心 之茶'라 하고, 그러한 실행적 '심체'를 "다른 데서 구할 필요가 없 다."고 했다. 이는 다음(茶飮)의 습관으로 지고한 청신을 지니어 명덕을 얻어서 심체에 '茶'를 안착시켰다는 것이며, '行으로서' 밝 힐 준비가 되어 있다는 말이다. 이는 유학 공부의 첫걸음이자 마 지막이 바로 '다도(茶道)'임을 뜻한다.

한재는 다공(茶供)을 하학상달의 교육거리로 여겼다.

그는 손수 차를 따고 세밀하게 끓이며 품질을 구분하는 단계를 글로 나타내었다. 그리고 차는 유가와 도가의 성인들이 지닌 덕성 을 가졌으므로, 후학들은 차를 반복해서 가까이하여 '心'과 '身'과 차가 하나 되게 하라는 교육적 의미가 강하게 내포되어 있다.

차가 가지고 있는 육덕을 보면, 인자(仁者)인 요순의 장수(長 壽), 유부와 편작의 병 치유, 백이나 양진의 청기(淸氣), 이로와 사호의 일심(逸心), 황제와 노자의 선풍(仙風), 공자와 주공의 예 도(禮道)를 들었다. 초의 의순이 "茶如君子性無邪.(차는 군자와 같 아서 삿됨이 없네.)"라 한 것도, 선고다인들이 가르친 바인 '군자 의 덕을 지닌 차'를 인지했기 때문이다.

제8장에서 중국 다가들이 음다생활로 얻은 은총을 적은 것도 교육적 견지이다. 즉, 그는 다공(茶供)으로 덕성을 높이는 경험적 학문을 강구한 것이다.34) 한재의 다도관은, 손수 차를 끓여 마시니 지고한 청신(淸神)을 얻어서, '天'과 '人'이 하나 된 도심과 인성(人性)을 깨달아 달도하고, '오도심(吾道心)'을 얻는다는 것이다. 그의 다도사상은, '다도일여(茶道一如)'와 '다심일체(茶心一體)'로 요약된다. '義'를 위해 목숨바친 그를 조선의 다성(茶聖)이라 해도 지나치지 않을 것이다.

이목은 명덕을 알면서 이를 밝히거나 실행하지 못하는 데에 대해, 호연지기와 의리사상을 강조하였다.
하나 된 '知行'을 위해서는 맹자의 '호연지기'가 필요하고, 호연한 정기를 얻자면 '집의(集義)'가 중요해진다.35) 이는 교육적 견지에서 볼 때, 노력하며 역행하라는 것이다.
한재는 이색과 마찬가지로, 호연지기를 차에서 얻는다고 했다. 『다부』 제7장에서 셋째 잔을 마시고 나서 "맹자의 호연지기를 기른다."고 했고, 넉 잔 마시니 웅호한 기운이 생겨 천하를 굽어볼 수 있게 되었다고 한 데서 확인된다. 그의 호연지기는 찻자리에서 근심과 울분이 비워지는 것과 거의 동시에 생겨났다는 점을 고찰하면, 이는 마음을 비워서 호연한 상태인 '허실(虛室)'이 되어야 '義'가 모임을 뜻하는 것이다. 따라서 한재의 다도정신은 의리(義

---

34) 『中庸』 제27장 "尊德性而道問學"
35) 『孟子』의 「공손추」에는, "호연지기의 양상은 義와 道에 짝이 되는 것이니, 이것이 없으면 쭈그러든다. 이는 義가 모여서 만들어지는 것이니 (일시적으로) 義가 엄습하여 취하는 것이 아니다.(其爲氣也配義興道, 無是餒也. 是集義所生者, 非義襲而取之也.)"라 하여 '集義'를 중시하였다.

理)와 관련성을 갖게 된다.

　우리는 고려시대에도, 차가 '義'의 덕을 지녔다고 인식되어 중한 죄와 법을 적용하는 공무에서 다공의례(茶供儀禮)를 행하였다. 그리고 절의로 이름난 사람 중에 다인이 무척 많았으며 조선시대 사헌부의 '다시(茶時)'도 무척 엄격하였다.36) 이는 '청신(淸神)'을 지니어 허실에서 삿된 마음을 배격하고 '옳고 바른 마음'을 취하기 위함이었다.

　유교사상에서 초월적 세계의 종교성과 현실적 삶의 윤리성을 아우르는 중요한 명제는 천명을 알고 의리를 실천하는 '지명행의(知命行義)'라고 할 수 있다.37) 유학의 궁극적인 목적도 인간행동의 도덕적 실천이므로 정의(正義)를 지키는 의리사상은 유가에서 매우 중요하다.38)

　이목은 신념을 굽히거나 바꾸지 않는 절개가 있었고, 신의를 지키며 마땅한 도리라고 생각되는 의를 굳게 지녔다.

　한재의 생애를 보면, 20세부터 옳다고 여겨지는 신념을 행동으로 옮기기 시작하여 당대에 뛰어나게 절의정신이 강했던 인물이었음은, 다른 문인들의 글에서도 확인할 수 있다. 그의 절직(切直)함은 가풍과 천성(天性)의 영향도 있었겠으나, 스승들을 통해 배운 참된 도학과 고려 말 조선 초 선학들의 행적과 사상에서 배운 바가 컸던 것 같다.

　한재의 의절정신은 사후에도 계속 인식되어 높이 받들어졌다.

---

36) 정영선『다도철학』80~91면, 너럭바위, 2010.
37) 오석원『한국 도학파의 의리사상』17면, 유교문화연구소, 2005.
38) 『논어』의 「위령공편(衛靈公篇)」에서는 "뜻있는 선비와 덕이 있는 사람은 仁을 해치고 生을 얻지 않으며, 죽더라도 仁을 성취하는 살신성인을 행한다.(志士仁人 無求生以害仁, 有殺身以成仁.)"라고 하였다.

김장생(金長生, 1548~1631)·조헌(趙憲, 1544~1592)·송준길(宋浚吉, 1606~1672)과 함께 공주의 충현서원에 모셔졌고 정조 때에 전주의 황강서원에서도 모셨다. 계곡 장유는 「묘지명」을 썼으며 '정간(貞簡)'의 시호가 하사되었고, 몇 차례의 증직(贈職)이 있었다.

영조 때 '사현사(四賢祠)'가 이루어져 한재 제사도 건의하니, 왕은 후학들에게 모범이 되게 하기 위해 성균관 곁에 사당을 세울 것을 권유하였고, 이후에 『승정원일기』에 기록하고 부조(不祧, 제사를 영원히 지냄)하라는 영을 내렸다. 순조 때에도 조정에서 "그는 오도를 붙들고 이단을 물리치며39) 의리를 중히 여겼으므로……"라고 하며 그를 칭송하였다.

절의는 나라가 태평할 때에는 잘 나타나지 않으나, 그 중요성은 국가의 존망과 직결되어 있으므로,40) 선조들은 임진왜란과 병자호란, 그리고 일제강점기를 이겨낼 수 있었다.

일본의 차문화사에서 소신을 굽히지 않고 직언을 한 다가로 야마노우에노소지(山上宗二, 1544~1590)가 있다. 그는 센리큐의 제자로 오다 노부나가와 도요토미 히데요시의 다도 사범이었으나, "주군 앞에서 얼굴색을 살피는 소인배 다인은 되고 싶지 않다."고 하였고, 자아성찰과 다선일미를 강조했으나 결국 히데요시 앞에서 최후를 맞이하였다.41)

---

39) 김상헌이 쓴 한재 비문에 "扶吾道闢異端"이라 쓰어 있다.
40) 『隱峯全書』 "나라에 절의가 있으면 비록 대란(大亂)이라 하더라도 망하는 데까지 가지는 않는다. 그러므로 나라의 존망은 오직 절의를 부식(扶植)하느냐의 여하에 달려 있을 뿐이다(國有節義 則雖大亂不至於亡. 故國之存亡, 惟在於節義之扶植如何耳)." (「寒齋 李穆의 道學思想 硏究」 222면 재인용)

(5) 유가적 풍류도(風流道)의 재창조

한국학 또는 한국사상의 정체성을 논함에 있어 커다란 특징은, 유교・불교・선도교사상의 공존을 빼놓을 수 없고, 또한 그들이 서로 영향을 주고받으면서 상・중류층과 서민계층에 공존해왔다는 것이다. 단지 조선시대에는 정치・경제・문화의 지도층에서 유교가 성하였고 그 전에는 불교가 더 성했을 뿐인 것이다.

그런데 이러한 삼교 전체를 아우른 우리 특유의 사상을 일컬어 최치원시대에 이미 '풍류도(風流道)'라 했다. 목은 이색은 유불도가 소통되는 풍류적 유가의 도를 '지도(至道)'라 하였다.

한재 이목도 주자학에만 집착하지 않고 중국의 다양한 철학사상을 공부하였다. 그가 『허실생백부』 4장에서 존경하는 인물로 기록한 양웅(揚雄, 53 B.C.~A.D. 18)과 한유(韓愈, 768~824)는, 유학자이면서 노장학자이고, 과학자이면서 문학가이고, 정주학을 비판한 사상가이다.

한재는 유가가 노장학을 배척할 것이 아니라, 맹자와 주자의 '호연'이나 '허령불매'가 장자의 '허실생백'과 같다고 하여 원융 회통하였다. 그는 불사(佛事)에 대해서는 김종직과 마찬가지로 부정적이었다. 당시의 국가시책에 어긋나고 무속이나 미신과 결합되면 민생에 도움이 안 될 뿐 아니라 그의 합리적 사고에 위배되는 탓이었던 것 같다.

한재의 '吾道'와 '知行一體'는 육왕학에 못지않은 또 다른 심학

---

41) 박민정 「홀로 하는 다도의 정신적 경지―山上宗二를 중심으로―」(『茶文化硏究誌』 제15권, 2008)

이다.42) 그의 사상은, 당시의 관점에서는 '포용적 유학'이지만, 오천년 우리 역사에서 볼 때는 '유가적 풍류도'에 해당된다. 이러한 점은, 『허실생백부』 제4장에서 "豈厥本之有二兮 盖至極則皆理.(어찌 그 근본이 둘이겠는가, 대개 극에 이르면 모두가 진리라네.)"라고 한 데서도 찾아진다.

조선시대의 유가적 풍류도는 한재와 양명학자들과 실학자들이 이어받아 오늘날에 이르렀다. 이를 오늘날 계승하는 일은 무척 중요하다.

필자는 아둔하고 철학 전반에 해박하지 못하나 이 글을 쓰는 의의는, 유교·불교·선도교·기독교 등이 혼융된 하나의 지극한 도(至道)를 추구하는 학문을 미래 한국학의 과제로 던지고자 함이다.

현대에 와서 유학의 종주국은 대한민국임을 세계적으로 인정받았으나, 그 학문의 기초는 조선시대의 범위를 크게 벗어나지 못하고 있는 느낌이 든다. 유사 이래로 현대까지 생활과 인식 깊숙이 자리해온 우리 유학은, 본래 '포용력 있고 부드러운' 학문이었고, '풍류도(風流道)'의 큰 범주에 속해왔다. 보옥 원석(原石)을 두고 깎아서 빛내지 않고 내버려둠은 어리석은 짓이다. 이제 우리는 후손을 위해서라도 공자와 주자 일변도에서 벗어나, 2천년이 넘는 한국 철학사에 관심을 두고 '풍류도'의 세계화에 힘쓸 때가 아닌가 생각된다.

---

42) 한재의 심학은 왕양명의 심학이나 정주학의 심학, 그리고 요순의 '도통심학'과 구분하여, '한재의 심학(心學)'이라 부를 수도 있다고 생각된다.

4. 한재를 중심으로 본 조선시대의 음다풍속

조선이 건국된 태조왕부터 정종·태종·세종·문종까지 약 반세기 동안의 다섯 임금은 끽다생활을 하였을 뿐만 아니라, 다공문화(茶供文化)를 중시하여 이를 국가의 제도로 확고히 세운 왕들이다. 여기에는 목은 이색시대의 학자·문인들의 영향이 무척 컸고, 목은 문하의 다인인 원천석(元天錫)과 권근이 조선 왕권 확립에 공을 세웠기 때문이다.43) 건국 왕가는 이숭인(李崇仁)과 정몽주의 사상과 생활철학도 본받고자 했으므로 조선 전기의 왕가와 문인들 음다풍속 성행은 무척 자연스러웠다. 세종의 손자인 이식(李湜)은 차문화에 해박하였고 20편 가량의 차시를 남겼다.

(1) 한재의 스승과 동료학인의 다속(茶俗)

한재의 스승인 점필재 김종직은 역사에 남는 다가이다. 그의 스승인 길재(吉再, 1353~1419)도 끽다가였고, 또한 길재는 이색·정몽주·권근으로부터 성리학을 배웠으므로 다풍(茶風)은 목은 이색을 따른 것으로 추정된다. 점필재는 이색을 숭모하여, 당시에 남아 있던 목은의 옛집을 둘러보았다.44)

---

43) 鄭英善「이색(李穡) 다도의 문화사적(文化史的) 업적과 후대에 미친 영향」(제2회 차문화 학술심포지엄, 계명차문화연구소) 2010.
44) 『점필재집』「목은의 부에 화답함(和牧隱賦)」점필재는 1466년(36세)에 영해(寧海)에 있는 이색의 아버지 이곡의 옛집을 둘러보고「화목은부(和牧隱賦)」를 지었다.

『점필재집』 부록의 연보에는 1473년(43세) 때 다원을 조성한 다음 기록이 있다.

> 상공(上供)하는 茶가 본군(本郡)에서는 생산되지 않는데, 해마다 백성들에게 부과되니 백성들이 값을 가지고 전라도 여러 곳에 가서 사온다. 대략 쌀 한 말[斗]에 차 한 홉[合] 비율이었다. 선생은 함양군에 부임한 처음부터 그 폐단을 알고서 백성들에게 차를 책임 지우지 않고, 관에서 자체로 구해다가 나라에 바쳤다. 일찍이 『삼국사(三國史)』를 열람해보니, 신라 때에 차종자[茶種]을 당나라에서 얻어다가 명하여 지리산에 심도록 명령했다는 말이 있었다. (선생이 이르기를) '아, 군(郡)이 바로 이 산 아래에 있는데, 어찌 신라 때의 남은 종자가 없겠는가.' 하고, 매양 부로(父老)들을 만날 때마다 그것을 찾아보니, 과연 엄천사(嚴川寺)의 북쪽 죽림(竹林) 속에서 몇 그루를 얻었다. 그러자 선생은 매우 기뻐하면서 그 땅에 다원(茶園)을 만들도록 명하였다. 그 근처가 모두 민전(民田)이어서 그것을 사서 관전(官田)으로 상환해 주었다. 겨우 수년이 지나자 차가 자못 번성하여 다원에 두루 퍼지니, 약 4, 5년간 더 기다리면 상공(上供)의 액수를 충당할 만하였다. 그래서 마침내 다원시(茶園詩) 2수를 지었으니, 그 시는 문집 속에 실려 있다.45)

---

45) 『점필재집』「점필재선생연보 戾翁李公 因璞齋所編 更加校正」 성종 5년 10월 9일. 위의 내용은 김종직의 문집에 두 번이나 기록되어 있다. "十月初九日. 上供茶不産本郡 每歲 賦之於民, 民持價 買諸全羅道. 率米一斗 得茶一合. 先生初到郡 知其弊 不責諸民 而官自求丐以納焉. 嘗閱三國史 見新羅時得茶種於唐. 命蒔智異山云云. 噫 郡居此山之下, 豈無羅時遺種也. 每遇父老訪之, 果得數種于嚴川寺北竹林中. 先生甚喜 令建園其地. 傍近皆民田 買之償官田. 纔數年而頗蕃 敷遍于園內. 若待四五年 可充上供之額. 遂賦茶園詩二首. 載集中."

그가 쓴 시「다원(茶園二首幷敍)」은 아래와 같다.

　　신령한 차싹 올리어 성군의 축수에 바치고자 하니
　　신라 때 남은 종자 오랫동안 듣지 못했네.
　　지금에야 두류산 밑에서 차를 따게 되니
　　우리 백성 분세(分稅) 한 가지 면할 것이 또 기쁘네.

　　죽림 밖 황량한 동산 이랑 언덕에
　　자영과 오취를 어느 때나 자랑할꼬.
　　단지 백성의 마음과 몸을 치유하게 함이니
　　귀한 속립아(粟粒芽)를 바구니에 담지 않아야 하네.46)

이 글 마지막의 '속립아'는 좁쌀 같은 여린 눈차로, 첫 행에서 보듯이 왕에게 바치는 최고급 차이다. 마지막 구절은, 왕이 백성을 잘 다스리기 위해 바치는 눈차를 범인들은 따지 말고, 좀 더 자란 차를 취하라는 뜻이다. 굶어 죽는 백성들이 적지 않았던 당시에, 상품 차 한 홉(合, 약 50~60g)이 쌀 한 말 값과 같았다니, 왕실에서는 보리낟알 같은 무척 여린 움싹차를 사신접대 다례와 차제사, 그리고 사신 선물용으로 썼던 것 같다.

김종직도 스스로 차를 끓였다고 했으며, '필상과 다조(茶竈)를 낚싯배에 실어서 놀던 때'를 회상하였다. 차와 술을 모두 좋아한 그는 술보다 차가 낫다고도 하였고, 고명(苦茗) 석 잔은 술에 맞먹는 병 치료 효과가 있다는 기록이 있다.

점필재는 차시가 20수 전하는데47) 그 내용을 보면, "풍로에 있

---

46) 欲奉靈苗壽聖君, 新羅遺種久無聞. 如今擷得頭流下, 且喜吾民寬一分. 竹外荒園數畝坡, 紫英烏觜幾時誇. 但令民療心頭肉, 不要籠加粟粒芽.
47)『한국문집총간』제12집『점필재집』.

는 설수차(雪水茶)를 마시노라", "석요(돌냄비)에는 창자를 적실 명(茗)이 있다", '강론하다 혀가 마르면 철명(啜茗)', '한적하여 차생각', 그리고 '승려와 명석(茗席)'이 있었고 '끽다(喫茶), 전다(煎茶), 철다(啜茶)' 등의 용어를 썼다. 그가 엄천사에서 잠자며 세 사람이 차 달여 마시고 청담으로 회포를 푼 시(「宿嚴川寺」)도 있고, 만년에 풍증(風症)을 앓고 있으면서도 차를 마셨다.

용재 성현(成俔, 1439~1504)은 사헌부 다시청(茶時廳)에 관한 내용 등 풍속과 연관된 글을 남겼다. 차시에는 선실(禪室)에서 차를 마신 내용이나, 스님을 불러 차 냄비 앞에서 종일 이야기한 글이 있다. 또 "술을 마시지 않고 작설차만 마신다."고 했고, '용단병차'도 마셨으며, 다병(탕관)에서 '지렁이 소리', '송도(松濤)소리가 난다'고 하였다.

다음에서 한재 주변의 15세기 다인들을 살펴보고자 한다.

한재가 17세 때 처음으로 점필재 문하에 들어가 신교(神交)를 나눈 문사 열 사람을 보면, 김굉필(金宏弼)·정여창(鄭汝昌)·이심원(李深源)·강혼(姜渾)·이주(李胄)·이원(李黿)·남효온(南孝溫)·신영희(辛永僖)·안응세(安應世)·홍유손(洪裕孫)이 있었다. 그 외에 한재시대에 이름난 김종직의 문인을 보태면, 유호인(俞好仁)·김흔(金訢)·조위(曹偉)·최부(崔溥)·김일손(金馹孫)·정희량(鄭希良)·홍언충(洪彦忠)·김극성(金克成)이 있다. 이들 중 차시문을 남긴 인물을 보면, 전체 17인 중 11인이나 되므로, 스승의 영향을 받아 한재는 그들과 글공부뿐만 아니라 차문화도 함께 누렸음이 확실하다.

조선 초기 유학계(儒學界)의 청담파(淸談派)는 도가적 풍(風)을 좋아해서 시정속사(時政俗事)를 떠나 흔히 동대문 밖 죽림에 모여 고담준론으로 소일하였다.48) 이들 7인 중 홍유손(洪裕孫, 1431~1529)과 남효온(南孝溫, 1454~1492)은 특히 차를 좋아했다. 99세까지 살았던 점필재의 제자인 조총 홍유손은 김시습과 찻자리를 같이 한 기록이 있고, 차의 맛을 '청감(淸甘)'하다고 했다. 김시습과도 친교가 있었던 추강 남효온은 금강산을 유람하며 부처에게 '봉다(奉茶)'하였고 선령(先靈)에게도 차탕을 올린 차사(茶祀) 기록이 있다. 「은솥에 차를 끓임(銀鐺煮茗)」이라는 시를 보면, "아이 불러 차 달이니 저녁 강가가 차구나. 갈증 난 폐 나아지고 심화(心火)가 가라앉네. 온갖 근심 점차 없어지고 허실(虛室)이 밝아져, 긴긴날 검은 책상에 앉아 보고 듣지 않네."라 하였다.

조위와 친밀했던 임계 유호인(兪好仁, 1445~1494)은 산사의 승려들과 친하였으며, 스승 김종직이 머물었던 엄천사에서 '다연(茶煙)'과 더불어 지내며 묵었다. 그는 '일주차'를 얻어 마시기도 했고, 「영다(詠茶)」라는 제목의 시에서 '오비법(五沸法)'으로 차를 끓였으며, 차가 끓을 때 송도(松濤, 소나무 물결소리) 소리가 나면 차가 익음을 알았다. 그리고 단차를 가루 내어 끓여 '설유차(雪乳茶)'라 하였고 '薄茶湯(엷은 차탕)'이라 썼으며, 나라 걱정을 차로써 잊었다.

매계 조위(曺偉, 1454~1503)는 김종직의 제자이며, 유호인과 친하였다. 전하는 10편의 차시문 중에서 대표적 시는 다음의 「가섭암」이다.

객이 이르러 스님 불러 일주차를 끓이니　　客至呼僧烹日注

---

48) 차주환 『한국의 도교사상』 143면, 동화출판공사, 1984.

풍로의 활화는 설유를 뒤집네.	活火風爐飜雪乳.
누가 노동에게 줄 석 잔의 차 가져가고	誰持三椀寄盧仝
또 더 좋은 차로 육우에게 자랑할꼬?	更將絶品誇陸羽
평생토록 몇 말 먼지 억지로 먹었으니	平生厭食幾斗塵
폐가 시들고 입술도 말라 거칠다네.	肺枯吻渴無由津.
꽃잔에 눈 같은 차 흔쾌히 기울이니	花甌快傾如卷雪
갑자기 오장육부 새롭게 맑아지네.49)	頓覺六用俱淸新.

이 글을 보면 암자에서 말차인 '설유(雪乳)'를 끓여 마시며 세속의 찌든 때를 씻었음을 알 수 있다. 그는 '용단'으로 가루차를 마신 기록이 세 군데 더 나오며, 중국 차문화에 상당한 지식이 있었다.

안락당 김흔(金訢, 1448~1492~?)은 당나라의 각다(榷茶)제도를 썼고, '삼배명(三杯茗)'과 '다쟁(茶鐺)의 송풍(松風)'을 기록하였으며 승려와도 찻자리 교유를 하였다.

한재와 유별히 막역했던 이는 탁영 김일손(金馹孫, 1464~1498)이다. 김일손도 역시 무오사화로 요절했지만 차시 한 편이 남아 있다. 그 시를 보면, "신선의 경전을 읽고 나니 꽃이 함께 졸고 있고(讀了仙經花共睡), 마음을 씻고자 또 다시 용차를 끓이네(洗心聊復試龍茶)."라 하였는데, 용차는 고급차를 뜻한다. 그는 차로써 '세심(洗心)'을 한 '심다가(心茶家)'였다.

재사당 이원(李黿, ?~1504)은 이제현의 후손으로, 그가 남긴 시를 보면, "차솥(茶鐺)에는 비친 달이 흩어져 꽃과 같구나(茶鐺月散華)."라 하였고, 산문에 '다연(茶烟)', '다과(茶果)' 등이 나온다.

망헌 이주(李胄, 1468~1504)는 한재가 평사(評事)였을 때 함흥

---

49)『梅溪集』「迦葉庵」『한국문집총간』제16권.

의 칠보정에서 연꽃을 감상하며 한재와 수창한 「칠보정상련사(七寶亭賞蓮辭)」을 남겼다. 그는 무오사화로 진도에서 귀양살이하면서 아침저녁으로 차를 한 잔씩 마셨다는 내용이 「금골산 기록」에 있고 '점다(點茶)'의 시가 있다.

허암 정희량(鄭希良, 1469~1501~?)은 조위와 친밀하였고, 김시습의 도맥을 이어받았으며 무오사화에 귀양을 갔다. 그의 차시 「밤에 차를 끓임(夜坐煎茶)」을 보면, 오비법(五沸法)을 쓴 탕변(湯辨)의 전문가였고, 전다하는 자신을 선계(仙界)에 있다고 여겼다. 그리고 그는 차탕을 '붉은 옥의 장(瓊漿)'이라고 표현하였으므로 당시에 발효된 차를 마셨음을 알 수 있다.

우암 홍언충(洪彦忠, 1473~1508)은 김종직의 제자로 문신이 되어 예조정랑 등이 되었으나, 갑자사화 때 유배되었고 중종반정으로 풀려났다. 그는 선탑(禪榻) 가에서 차를 달이며 벼슬살이의 고단함을 달래었고, '명완(茗椀)'에 차를 마시며 탁한 말차보다 맑은 청차(淸茶)가 좋다고 하였다.

청라 김극성(金克成, 1474~1540)은 중종반정에 공을 세웠고 영의정을 지내었다. 그는 달을 보며 차를 달인다든가 '상다(賞茶)'라 하며, 서정적 차시를 몇 편 남겼다.

(2) 한재시대 이후 16·7세기의 문인 다속(茶俗)

한재시대 이후 조선 중기에 이르게 되어, 임진·병자 양란(兩亂)의 영향에도 불구하고 문신과 은사들의 음다풍속이 크게 줄지는 않았다.

우선 전문다서로는 전승업(全承業, 1547~1596)이 쓴 『다창위

(茶槍慰)』와 김육(金堉, 1580~1658)이 쓴 『유원총보(類苑叢寶)의 茶』가 있다.

한재시대 이후인 16세기부터 17세기까지 약 200년간 차시문을 열 편 정도 이상 쓴 다인들을 열거하면, 용재 이행(李荇)·모재 김안국(金安國)·간재 최연(崔演)·허응 보우(虛應 普雨)·서산 휴정(休靜)과 사명 유정(惟政), 송암 권호문(權好文)·제봉 고경명(高敬命)·아계 이산해(李山海)·일송 심희수(沈喜壽)·지봉 이수광(李晬光)·상촌 신흠(申欽)·교산 허균(許筠)·청음 김상헌(金尙憲)·동악 이안눌(李安訥)·택당 이식(李植)·계곡 장유(張維)·낙전당 신익성(申翊聖)·백주 이명한(李明漢)·백헌 이경석(李景奭)·염헌 임상원(任相元)·김창흡(金昌翕) 등이 있다.

한재의 묘지명(墓誌銘)을 쓴 다가인 장유(1587~1638)는 차시문을 이십 편 가량 남겼고, 잠곡 김육과 몹시 친하였다. 그의 글을 보면,

    그대여 소요하는 장주(莊周)를 보게.
    어찌 경전 독송하여 유자이고자 하는가?

    시 지을 책상에 바둑판 하나
    약 달이는 화로와 찻그릇 더하니,
    생애가 자족하기만 한데
    고생하며 번민할 일이 없다네.50)

라 하여 장자처럼 살기 원했고, 다공(茶供)과 더불어 검박하였다.

---

50) 『한국문집총간』 제92권 「谿谷集」. "君看逍遙周 豈學呻吟緩. 詩牀及棊局 藥爐兼茶盌. 自足了生涯 無爲强悶懣."

계곡은 '명화(茗花)'를 즐겼으며, "전다하니 설유(雪乳)가 번득이네."라는 글도 썼으므로 말차도 마셨던 것 같다. 그는 선방에서 차를 달여 마시기도 하였으며, 다인들인 청우 김상헌, 백사 이항복, 죽음 최명길과 친하게 지낸 기록이 있다. 그는 병중에도 차솥을 곁에 둔다고 했고, '다구(茶甌)'와 '다쟁(茶鐺)'을 즐겨 썼다. 자신을 '썩은 선비'라고도 하였고 몹시 가난하게 살면서도, 굶주린 아이들을 보고 통곡하였다. 계곡은 또한 당시의 20년 전에 일본에서 조선에 들어온 담배(南草)를 중국에서 '연차(煙茶)'라 함을 소개하고, 이는 필시 폐를 상하게 할 것이라 했으며, 세상에 널리 쓰여 국가에서 전매할 것을 예언하였다.51)

한재의 「묘표음기(墓表陰記)」를 쓴 청음 김상헌(金尙憲, 1570~1652)은, 벗들과 이별의 다주석(茶酒席)에 참여하였고52) 때로는 홀로 앉아 차를 끓인(獨坐煎茶) 다가였다. 그는 "쉴 때면 정좌하여 책을 보고, 향 피우고 차를 끓여 마셨다.(休則靜坐觀書 焚香煮茗)"고 썼고, 고아 등의 가난한 집을 돕고 곤궁하게 살았다. 한때 최명길 등과 청나라로 압송되어 석 달 간 심양에 있었으나 조금도 굴하지 않았다.

허균(許筠, 1569~ 1618)은 중국 다서를 많이 들여와 조선에 널리 소개하였고, 17세기의 임상원은 70편 가량의 차시를 썼으며, 홍만선(洪萬選, 1643~1715)이 쓴 『산림경제』에는 진차(眞茶)와 혼합차와 대용차가 많이 소개된다.

훌륭한 업적이 있는 인물로, 그 편수는 많지 않으나 진명(眞茗)에 관해 쓴 사람은, 농암 이현보(李賢輔), 화담 서경덕(徐敬德), 퇴

---

51) 『谿谷集』 제25권 「雨中寄畸庵子」
52) 송경섭 「잠곡 김육의 『유원총보』에 나타난 茶에 관한 연구」 (『차문화연구지』 제14권, 2006)

계 이황(李滉), 고봉 기대승(奇大升), 눌암 홍섬(洪暹), 구봉 송익필(宋翼弼), 율곡 이이(李珥), 송강 정철(鄭澈), 학봉 김성일(金誠一), 서애 유성룡(柳成龍), 한강 정구(鄭逑), 충무 이순신(李舜臣), 사계 김장생(金長生), 백호 임제(林悌), 여헌 장현광(張顯光), 백사 이항복(李恒福), 한음 이덕형(李德馨), 선원 김상용(金尙容), 월사 이정귀(李廷龜,) 다산 목대흠(睦大欽), 지천 최명길(崔鳴吉), 고산 윤선도(尹善道), 미수 허목(許穆), 우암 송시열(宋時烈), 백호 윤휴(尹鑴), 퇴우당 김수흥(金壽興), 갈암 이현일(李玄逸), 서포 김만중(金萬重), 수암 권상하(權尙夏), 김창집(金昌集) 형제들이 있고, 그 외에도 상당히 많은 인물들이 있다.

이러한 사실을 보면, 한재 사후 16・17세기에도 문인다풍이 줄기차게 이어졌음을 알 수 있다.

김창집(金昌集, 1648~1722)은, 아버지 김수항(金壽恒)과 백부 김수흥(金壽興) 그리고 동생들인 창협(昌協)・창흡(昌翕)・창업(昌業)이 모두 적지 않은 차시문을 남긴 다가 집안의 인물이다. 한재 사후 200년이 지난 숙종 44년(1718년)에 김창집이 추천하여 받은 시호 '정간(貞簡)'의 뜻은, "不隱無屈曰貞 正直無邪曰簡(숨어서 굴하지 않음이 貞이요, 정직하고 무사함이 簡)"이라 하였으니, 한재는 이색의 다도사상인 '무사(無邪)'를 실행하였음을 당시에 인정받은 셈이다. 다도의 '무사(無邪)'정신이 전승업과 김창협, 그리고 초의 의순에게 이어진 것은 우연이 아니다.

조선시대에 차시를 남긴 선비들 중에, 「사무사(思無邪)」의 다도를 주창한 이색(李穡, 1328~1396)의 많은 차시나 이목의 『다부』를 읽지 않은 사람은 거의 없었을 것으로 생각된다. 위의 두 사람 문집은 500년간 끊이지 않고 발행되었고 대표적 유학자 다인이었기 때문이다.

　한재의 다도와 훌륭한 정신은 후대에 계속 이어져 왔으므로, 이목선생은 오늘날 우리의 문화와 마음속에 500세가 넘도록 살아계신다고 보아야 할 것 같다. 그의 후손들은 지금도 차밭을 가꾸고 그 차로써 제사를 지내고 있으며, 다도를 연구하는 사람으로 이병인(李丙仁)·이환규(李桓圭) 등이 있다.

　이색과 김종직과 이목에 대한 면밀한 연구는 후학들에게 이어져, 한국학의 근간에 보탬이 될 것으로 믿어 의심치 않는다.

■ 정선(鄭敾, 1676~1759)의 서울 근교 명승도 (京郊名勝圖) 부분
(한국민족미술연구소 소재)

제 2 부

『다부(茶賦)』 역해

제1장 『다부(茶賦)』의 서문 · 70
제2장 차(茶)의 명칭과 산지 · 78
제3장 다림(茶林)의 경관 · 92
제4장 춘절(春節)의 채다(採茶) · 98
제5장 전다(煎茶) 삼품(三品) · 104
제6장 한재의 칠완다가(七椀茶歌) · 112
제7장 차의 오공(五功) 육덕(六德) · 120
제8장 음다생활의 은총 · 140
제9장 다도지심(茶道之心) · 146

제1장 『다부』의 서문

― 茶賦　幷序 ―

凡人之¹⁾於物　或玩焉²⁾ 或味焉,
樂³⁾之終身　而無厭者⁴⁾ 其性矣乎。
若李白之於月⁵⁾ 劉伯倫⁶⁾之於酒,
其所好雖殊⁷⁾ 而樂之至　則一也。

― 뒷장에 이어짐 ―

― 다부　병서 ―

범인지어물　혹완언　혹미언,
요지종신　이무염자　기성의호。
약이백지어월　유백륜지어주,
기소호수수　이락지지　즉일야。

― 다부(서문을 아우름) ―

　사람이 사물을 대하여 즐겨 감상하거나, 혹은 맛보며 일생동안 즐거워하며 싫어하지 않는 것은, 그 품성(品性)에 달려 있는 것이다.
　이백(李白)이 달을 대하고 유령(劉伶)이 술을 대하는 것과 같이, 그 좋아하는 것(대상)이 비록 다르나 지극한 즐거움에 이름은 한가지이다.

1) 之는 ① 주격·소유격('의') 조사 ② 가다, 이르다 ③ 이(것), 그(것) ④ 도치와 강조의 어조사 ⑤ 에서(≒ 於) 등의 뜻이 있다. 첫 행의 之는 ①이나 ②의 뜻이고 둘째 행은 ③의 뜻이다.
2) 琓은 琓賞(완상, 즐기며 감상함)의 뜻으로, '味(맛봄)'와 구분됨.
3) 樂 : 풍류 악, 즐길 락, 좋아할 요의 세 가지 발음이 있다. 이 글에서 厭(염, 싫다)과 대치되고 타동사이므로 '요'로 읽어야 함.
4) '無厭者'의 '者(~하는 것)'는 동명사를 만드는 의존명사이다.
　而는 순접(順接)의 and(그리고, 그러면, 곧) 혹은 역접(逆接)의 but(그러나, 그런데)의 뜻으로 쓰인다. 처음의 而는 and의 뜻이고 뒤의 而는 but의 뜻이다.
5) 李白(701~762) : 당나라 낭만주의 시인으로 詩聖이라 일컬어지며, 字는 太白이고 號는 靑蓮이다. 그는 달을 친구로 여긴다거나 사랑하여, 이를 소재로 한 명시를 많이 지었다.
6) 劉伯倫 : 晋나라 3세기의 學人인 劉伶이다. 字가 伯倫이고 술을 좋아하여 「酒德頌」을 지었고, 老子를 추종하며 阮籍(완적)·嵇康(혜강) 등과 교유한 죽림칠현의 한 사람이다. 한재는 술도 즐겼으나 차를 더 좋아함을 제8장에서 밝혔다.
7) 所好는 '좋아 하는 바' 뜻이다. 雖 : 비록 수. 殊 : 다를 수.

余於茶　越乎其莫之知,[8)]
自讀陸氏經[9)] 稍得其性,[10)] 心甚珍之。
昔中散樂琴而賦[11)] 彭澤愛菊而歌,[12)]
其於微尙加顯矣。[13)]

— 뒷장에 이어짐 —

여어다　월호기막지지,
자독육씨경　초득기성, 심심진지。
석중산락금이부　팽택애국이가,
기어미상가현의。

내가 차에 대해 모르지는 않았으나, 육우(陸羽)의 『다경(茶經)』을 읽고부터 점점 그 (차의) 품성을 알게 되어, 마음으로 매우 진중히 여기게 되었다.

옛날에 중산(中散) 혜강(嵇康)은 거문고 타기를 즐기어 「금부(琴賦)」를 지었고, 도연명은 국화를 사랑하여 노래(歌)를 지었으니, 그것은 미미한 것을 흠모하여 더욱 드러나게 한 것이다.

8) '莫之知(모름)'가 명사로 쓰였다. 莫은 없을 막. 乎는 於와 통자이고 越은 '벗어나다, 이르다, 지나치다'의 뜻. 직역하면 한재는 차를 '모르는 것에서 벗어나 있다가' 또는 '차에 대해 (무심코) 지나쳐 모르다가'이다. 이는 차의 이론과 문화철학 등을 잘 알지 못하고 그냥 마시기만 했다는 의미이다.
9) 陸氏는 당나라 육우(陸羽, 733~804)이고, 經은 「다경」이다. 自는 'from'의 뜻이다.
10) 稍(초) : 점점 초. 작을 초.
11) 中散 : 중산대부(中散大夫)를 지낸 혜강(嵇康, 223~262). 그는 죽림칠현의 한 사람으로 강직하였고 「琴賦」와 「養生論」을 지었다. 이 글 제9장에서도 언급되었다.
12) 彭澤은, 彭澤令을 지낸 진의 도잠(陶潛, 陶淵明, 365~427)을 일컫는다. 호가 五柳先生인 그는 은자의 심경을 노래한 「歸去來辭」로 이름났고, 국화를 사랑하는 마음이 많이 담긴 시들이 많다.
13) 尙 : 흠모하다, 숭상하다.

況茶之功最高　而未有頌之者,[14]

若廢賢焉　不亦謬乎。

於是, 考其名　驗其產,[15] 上下其品[16] 爲之賦。[17]

或曰, 茶自入稅　反爲人病, 予欲云云乎。[18]

對曰, 然。[19] 然是[20] 豈天生物[21]之本意乎。人也非茶也。且余有疾[22] 不暇及此云。[23]

황다지공최고　이미유송지자,
약폐현언, 불역류호。
어시, 고기명　험기산, 상하기품 위지부。
혹왈, 다자입세　반위인병, 여욕운운호。
대왈, 연。연시　기천생물지본의호。인야
비다야。차여유질　불가급차운。

하물며 차의 공(功)은 가장 높은데 아직도 그것을 칭송하여 엮은 글이 없으니,[24] 마치 현인을 버려두는 것처럼 또한 잘못된 일이 아니겠는가?

이에, 그 이름을 고찰하고 그 산지를 증험하여 품질의 상하를 가리어 부(賦)를 짓고자 한다.

어떤 사람이 말하기를, "차는 세금을 불러들이니 도리어 사람들에게 걱정거리가 되는데,[25] 그대는 글로써 말하고자 하오?"라 한다.

대답하기를, "그렇소. 그러나 이것이 어찌 하늘이 만물을 창제한 본뜻이리오? 사람이 한 일이지 차가 한 일이 아니오. 게다가 나는 고질이 있어서[26] 이에 미칠 겨를이 없소."라고 하였다.

14) 者는 '사람', '것(thing)' 또는 일(事)을 가리킨다.
15) 驗은 '증험하다'의 뜻으로, 중국이 아닌 조선의 차 산지를 돌아본 것이다.(제4장·제5장 참조) 당시에 5개월 정도의 육로 길로 새해 인사차 북경에 다녀오는 여정에서 중국 남방의 차산지를 두루 볼 수는 없다.
16) 上下는 동사로 쓰여, 품질의 고하를 가린다는 뜻이다. 한재는 '上品·中品·次品'의 세 가지로 간략하게 나누었다.
17) 爲는 '하게 하다'의 사역동사(≒ 使)로도 쓰인다.
18) 予(여) : 너(= 汝 = 爾 = 汝 = 子). 余 : 나(= 與).
19) 원문의 '肰'은 '개고기 연'으로 가차음이므로 然으로 고쳤다.
20) 是는 지시대명사(this)이다.
21) 天生物은 동명사로 쓰여, '하늘이 물생을 냄'의 뜻이다. 이 글의 '天'은 조물주를 뜻하였다.
22) 疾(질) : 병. 이 글에서는 차를 몹시 좋아하는 자신의 버릇

23) 暇(가) : 겨를, 틈. 云은 句末에 쓰이는 조사이다.
24) 세밀하고 체계적으로 쓴 예찬 다서가 없다는 말이다.
25) 공납하는 차세로 인해 음다풍속이 쇠퇴하였음을 보여주는 일단이다. 김종직(1431~1492)은 민중의 농사를 걱정하였는데, 차세(茶稅) 공납으로 인한 백성들의 고충을 알고 함양군수가 되어, 지리산 자락에 관영다원을 만들어 공상차(供上茶)에 대비하였다.
26) 한재는 자신의 고질을 언급하였는데, 이는 차를 지나칠 정도로 좋아하는 다벽(茶癖)을 뜻한다.

〔제1장 해설〕

『다부』의 '序'는 내용이 많고 중요하므로, 학인들이 외고 노랫말에 넣기 위해 제1장으로 엮었다. 소동파의 「적벽부(赤壁賦)」도 서문을 노래로 편집함이 보통이다.

한재는 이 글의 첫 단락에서 차의 '性'을 중시하였다. 이는 『중용(中庸)』 첫머리에 나오는 "天命之謂性 率性之謂道 修道之謂敎.(하늘이 命한 것을 性이라 하고 性을 따르는 것을 道라 하고 道를 닦는 것을 敎라 한다.)"와 연관이 있다. 즉, 이 글 서두의 암시는 차의 '性'으로 인해 '至道'로 나아갈 수 있음과, 다도의 교육적 타당성이다.

『다부』 저작의 동기로, 인간이 즐기는 만물 중에서 '茶之功最高(최고의 공)'인 진차(眞茶)를 칭송하며 받들어야 하겠다는 의지를 나타내었다. 혜강의 거문고, 도연명의 국화처럼 한재의 '茶'도 부를 짓는 것은 지극히 당연하다는 것이다. 그리하여 차의 이름과 산지, 차의 품질을 쓴다고 했으나, 사실상 이는 「다부」 본론의 일부에 불과하다. 한재는 차를 '賢者'에 비유하였고, 현자가 유폐되어서는 안 된다고 여겼다.

■ 김양기(金良驥)의 가을 산수도. 고려대학교 박물관 소재

제2장 차(茶)의 명칭과 산지

其辭曰。[1]

有物於此[2] 厥類孔多。[3]
曰茗曰荈[4] 曰蔎曰菠。[5]

仙掌[6]・雷鳴[7]・鳥嘴[8]・雀舌[9]
頭金[10]・蠟面[11]・龍・鳳[12]・石・的。[13]

― 뒷장에 이어짐 ―

기사왈。

유물어차 궐류공다,
왈명왈천 왈한왈파。

선장・뇌명・조취・작설
두금・납면・용・봉・석・적。

제2장 차(茶)의 명칭과 산지 79

그것을 논하자면 다음과 같다.

여기에 있는 물체인 차는 그 분류가 매우 다양하다.
명(茗)이라 하고 천(荈)이라 하며, 한(蔎)이라 하고 파(葩)라 한다.

선인장·뇌명이며 조취·작설이 있고
두금·납면이며 용차·봉차·석유·적유라 하네.

1) 辭(사) : 말, 成句, 논술.
2) 有物於此는 賦에 가끔 쓰이는 서두이다. 物은 객관적으로 본 茶이다.
3) 厥 : 그 궐. 孔은 구멍 외에 '매우, 크다'의 뜻으로도 쓰임.
4) 『다경』에서 육우는 茶의 보통명사로 檟·蔎·茗·荈이라 했는데, 여기서 한재는 茗·荈만 쓰고 蔎·葩를 추가하였다.
  荈은 『다경』에서 여섯 번 나타나는데, 황실에 바치는 '御荈'과 『荈賦』도 있으므로 맛이나 품질에서 차이가 있다고 볼 수 없다.
5) 蔎葩 : 한·파의 해석은 『다부』 전체를 기초로 해석되어야 한다. 이를 '꽈리 한, 시금치 파'로 풀어 대용차로 여긴 것은 잘못이다. '蔎'과 '葩'는 茗茶(Camelia sinensis)의 두 가지 다른 명칭임에 틀림없다. 한재는 육우『다경』을 탐독하였는데, 육우는 眞茶가 아닌 대용차를 배척하였고, 윗글에 연이어 나오는 차 종류와 산지가 모두 眞茗茶만을 뜻하기 때문이다. 주공의 '茶'나 이적(李勣)이 쓴 『본초』에 차를 '선(選)·유동(游冬)'이라 한 것도 독특한 茶 글자이듯이 '蔎', '葩'는 이목만이 독창적으로 쓴 茶의 명칭으로, '울화를 삭히는 풀', '은총의 풀'이라는 의미로 추정된다.

그 근거는 다음과 같다.

茗은 名에 ++를 붙여 작설차를 뜻하였듯이, 한재는 寒과 波에 ++를 붙여 독창적 글자를 만들어 낸 것이다.

寒은 이목의 호 '寒齋(추운 재실)'의 첫 글자이므로 그가 몹시 좋아했던 것 같다. 그 뜻은 '寒門(가난하고 문벌이 없는 집안)'이 뜻듯이 '차다, 궁하다, 괴롭다', 혹은 근신하는 자세로 볼 수 있다. 그리고 그가 본 『다경』의 제1장에는 '(茶)味至寒'이라 하였는데, 寒은 체온을 낮춘다는 뜻이 아니라 마음의 열기를 식힌다는 뜻이다. 여기에 艸를 붙여서 '수신하게 하는 풀', '화를 식히는 풀'로 생각한 것 같다. 꽈리는 한자 고어로 '산장(酸漿)'이라고 썼다.

'波' 역시 '물결(이 일다), 파도, 흘러 전하다(용례 ; 萬波), 은총, 혜택'의 뜻이 있으므로, 한재는 다명(茶茗)이 몸에서 마음으로 전하는 '상서로운 식물', 혹은 타인에게 문화를 전하는 '은총의 풀'의 의미이거나, 또는 한재의 파도 같은 인생 역정을 상징하는 풀로 여긴 것이다. 한편으로는 多와 波가 歌운이라는 것도 참작하였다. 시금치는 17세기 문헌에도 흔히 '菠茱'라 하였고 '時根茱'라고도 썼다.

6) 仙掌 : 옥천산(唐代 호북성 當陽顯 기슭)에서 나는 仙人掌茶를 줄여서 '선장'이라는 이름으로 적었다. 이백(701~762)의 차시인 「答族侄僧中孚贈玉泉仙人掌茶幷序」(전문과 역해는 『차문화연구지』 3권 pp.63~66)에 있는 선인장차는, 형주(荊州) 옥천사(玉泉寺) 부근에서 생산한 片茶(團茶)이고 손바닥 모양이다. 육우(陸羽, 733~804)는 선인장차를 '仙茗'이라 하였다.

7) 雷鳴(뇌명) : 사천성 몽산(蒙山)에서 나는 당나라의 단차 이름. 모문석의 『다보』에 설명된 바로는, 춘분 전후에 우렛소리 나기를 기다렸다가 딴 차이다. 즉, 이른 봄비를 맞은 후 바로 딴 찻잎으로 만든 귀한 차이다.

8) 鳥嘴(조취) : 차싹이 새의 부리(부리 취)와 같이 생겼다 하

여 붙인 명칭으로, '작설'과 거의 같다. 원문의 글자와 嘴는 同字이다.
9) 935년경 지어진 모문석(毛文錫)의 『다보』에는 촉주(蜀州) 진원(晋源)에서 나는 차로 조취·작설·맥과를 언급하였다. 雀舌은 보통명사로도 쓰이며, 고려 원천석의 차시에 나타나기 시작한다.
10) 頭金(두금) : 송대 건주(建州)에서 나던 건차(建茶).
11) 蠟面(납면) : 오대(五代) 북송의 공다(貢茶)이고 편차이다.
12) 용차와 봉차는 모두 송대의 공다명(貢茶名). 마단림은 용봉차를 '團片'이라 하였다.
13) 石乳·的乳 : 송대 건주(建州)에서 나던 貢茶名으로, 片茶이며 납면차의 일종이고 『선화북원공다록』에도 나온다.
　원문의 召는 石의 오자이다.

□ 茶의 同字 4개와 眞茶의 35개 고유명사를 나열하였다.
　이목은 차의 이름을 나열하기 위해 명대의 마단림(馬端臨)이 쓴 『문헌통고』 권18의 「송대각다(宋代榷茶)」조에서 대부분 베껴 썼고 『다보』도 참고하였다. 사서(史書)인 이 책에는 차세(茶稅)를 내는 제도를 적었으므로 한재가 정확성을 인지하여 인용한 것이다. 단지 선장·뇌명·조취·작설·생황은 다른 다서를 참작하였다. 唐代의 차로 선장·뇌명을 소개하였다.
　『문헌통고』에서 인용한 차를 기록 순서대로 나열하면, 증제 편차로는 龍, 鳳, 石乳, 的乳, 頭金, 蠟面, 山挺이 있고, 進寶, 雙勝, 仙芝, 嫩蘂, 福合, 綠合, 運合, 慶合, 指合, 그리고 綠英, 玉津, 先春, 早春, 華英, 來泉, 勝金, 獨行靈草, 金茗, 黃翎毛, 薄側이 있고, 산차(散茶)로는 雨前, 雨後, 淸口가 쓰여 있다.

山挺[14]·勝金·獨行靈草[15]
薄側·仙芝[16]·嫩藥·運·慶。
福·祿·華英[17]·來泉·翎毛[18]
指合·淸口[19]·金茗·玉津。[20]

— 뒷장에 이어짐 —

산정·승금·독행영초
박측·선지·눈예·운·경。
복·록·화영·내천·영모
지합·청구·금명·옥진。

산정·승금·독행영초
박측·선지·눈예·운합·경합이 있고,
복합·녹합·화영·내천·황령모
지합·청구·금명·옥진이 있다네.

14) 山挺(산정) : 원문의 山提는 비슷한 오자이므로『문헌통고』를 따라 고쳤다.
15) 靈草는 본래 이름이 '독행영초'로서『문헌통고』에는 담주(潭州)에서 난다고 했다. 이를 영초와 뒤에 나오는 독행으로 쓴 것은 한재가 잘못 보았거나 전사 과정에서 생긴 오류이다. 이 글은 '독행영초'로 고치고 뒤의 독행을 삭제하였다.
16) 선지·눈예·운합·경합·복합·녹합·지합은 요지주(饒池州)에서 나는 차 이름이다.
    嫩蘂(눈예) : 원문의 '孏(게으를 란)'은 오자이다.
17) 華英(화영) :『문헌통고』에는 흡주(翕州)의 차 이름으로, 화영·내천·선춘·조춘을 꼽았다.
18) 翎毛(영모) : 본래의 차 이름이 '黃翎毛'이다. 악주(岳州)에서 난다.
19) 淸口 : 歸州에서 나는 차의 명칭.
20) 金茗은 담주(潭州)의 명차이다.
    玉津 : 臨江軍에서 나는 차 이름.

雨前·雨後[22]·先春·早春
進寶·雙勝[23]·綠英·生黃。[24]
或散或片。[25]
或陰或陽,
含天地之粹氣
吸日月之休光。[26]

— 뒷장에 이어짐 —

우전·우후·선춘·조춘
진보·쌍승·녹영·생황。
혹산혹편。
혹음혹양,
함천지지수기
흡일월지휴광。

우전·우후·선춘·조춘
진보·쌍승·녹영·생황이 있다네.
혹은 산차 혹은 편차도 있다.
어떤 것은 음지에서 어떤 것은 양지에서 산다.
천지의 신령스런 기운을 머금고
해와 달의 훌륭한 빛을 빨아들인다네.

22) 雨前·雨後는 여기서 형호(荊湖)에서 나는 차의 고유명사로 쓰였으나, 보통명사로도 쓰인다. '雨'는 곡우를 말하므로 곡우차는 우전차와 우후차가 있다.
23) 雙勝 : 余州의 편차로 쌍승·진보가 있다. 원문의 '雙溪'는 오자이다.
24) 生黃 : 송대 호남성 악주(岳州)의 편차 이름.(『中國茶事大典』)
25) 散 : 보통 잎차(葉茶)를 말함. 보이 병차를 부스러뜨려 놓아도 산차가 되며, 말차를 만들기 전의 마른 엽차도 산차이다.
　片 : 당송대의 團茶 등으로 쪄서 찧어 만들었다.
26) 休는 '아름답다, 좋다'의 뜻.

□ 선장에서 생황까지는 당송대에 불리던 차의 고유한 명칭이다.(『中國茶葉全書』 p.404 이후 참조) 당시에 조선에서 마시던 작설차는 대개 산차이고, 나라에 공납하던 눈차와 곡우차, 그리고 세작차와 차품이 있는 정도였다.
　윗글의 마지막 구절에서 차가 천지의 수기(粹氣)와 일월의 휴광(休光)을 머금고 자랐다 함은, 차나무에는 천지자연의 순수한 정기가 녹아 있으므로 차탕을 마시면 그것을 느낄 수 있음을 뜻한다.

其壤則。

石橋·洗馬·太湖·黃梅
羅原·麻步·婺·處·溫·台。[27]
龍溪[28]·荊·峽[29]·杭·蘇·明·越[30]
商城·王同·興·廣[31]·江·福。[32]

— 뒷장에 이어짐 —

기양즉。

석교·세마·태호·황매
나원·마보·무·처·온·태。
용계·형·협·항·소·명·월
상성·왕동·흥·광·강·복。

차의 산지는 다음과 같다.

석교·세마·태호·황매가 있고
나원·마보·무주·처주·온주·태주가 있다.
용계·형주·협주·항주·소주·명주·월주가 있으며
상성·왕동·홍국군·광덕군·강절·복건이 있다.

27) 양절지방의 買茶處인 婺州·處州·溫州·台州.
28) 龍溪 : 『문헌통고』에 散茶가 나는 곳으로 적혀 있다.
29) 荊州는 육우의 『다경』에 5차례나 등장하는 유명 차산지이고, 이백의 옥천선인장차가 나는 곳으로, 당나라 때도 집집마다 차를 마셨다고 쓰여 있다. 峽州는 湖南의 江陵府 買茶處.
30) 양절지방의 買茶處인 杭州·蘇州·明州·越州.
31) 興·廣 : 홍국군(興國軍)과 광덕군(廣德軍).
32) 江·福은 『문헌통고』에 의하면, 산차가 나는 강절(江浙)과 편차가 393,000여 근(斤)이 나는 복건(福建)을 가리킨다.

□ 한재는 차의 종류와 마찬가지로 산지도 『문헌통고』 권18을 대부분 인용하였고, 육우의 『다경』도 참고하였다. 이 책에 나오는 「宋代榷茶」 '13場'은, 위의 石橋·洗馬·黃梅·王同·太湖·羅原(→뒷장)·霍山(→뒷장)·麻步·開順口·商城의 열 군데 외에, 王祺, 麻城, 子安도 있다.
  차를 사는 買茶處 기록으로, 강남의 '宣, 歙, 饒, 信, 洪, 撫, 筠, 袁州, 廣德, 興國, 建昌, 南康軍'이 있고 양절의 '杭, 蘇, 明, 越, 婺, 處, 溫, 台'가 있다. 그리고 호남의 '岳, 荊門軍'과 복건의 '劍南'이 있다. 山場의 조세처로는 '潭, 鼎, 鄂, 峽州, 袁, 婺, 洪, 歙, 宣, 岳州, 興國軍, 杭, 越, 明, 溫, 台, 婺州, 南康軍' 등이 나열되어 있다.

開順[33]·劍南[34]·信·撫·饒·洪[35]·
筠·袁·昌·康[36]·岳·鄂[37]·山同,[38]
潭·鼎·宣·歙[39]·雅·鍾·蒙[40]·霍。[41]

— 뒷장에 이어짐 —

개순·검남·신·무·요·홍
균·원·창·강·악·악·산동,
담·정·선·흡·아·종·몽·곽。

개순구·검남·신주·무주·요주·홍주가 있고
균주·원주·건창·남강군·악주·악주·산동이 있으며
담주·정주·선주·흡주·아주·종산·몽산·곽산 등이 있다.

33) 開順은 수주(壽州)의 다장(茶場)인 '開順口'이므로 원문이 착오이나, 줄여 쓸 수도 있다고 보아 개순으로 두었다.
34) 劍南은 『다경』에서 차산지로 이름난 검남지역을 뜻한다.
35) 강남의 매다처인 信州와 撫州, 饒州와 洪州.
36) 강남의 매다처인 筠州와 袁州, 그리고. 건창(建昌)과 남강군(南康軍). 원본의 哀는 袁의 오자이다.
37) 호남 강릉부의 岳州와 鄂州. 육우의 『다경』에도 나온다.
38) 山同 : 『문헌통고』에는 없다. 육우의 『다경』 제8장 차의 산지 회남 항목에, "盛唐縣生霍山者 與衡山同也."라고 한 내용에서, 山同의 東운(평성)이 앞의 同과 같으므로 단순하게 인용한 것 같다.
39) 호남 강릉부의 각다산장인 담주(潭州)와 정주(鼎州), 그리고 진주(眞州)의 각다산장인 선주(宣州)와 흡주(歙州).
40) 雅·鍾·蒙은 『문헌통고』 각다편에는 없다.
　雅 : 원문의 鵶는 古字이고 同字로 '鴉'(까마귀)와 '雅'가 있는데, 여기서는 雅州를 뜻한다. 아주는 육우의 『다경』 제8장 차의 산지 「검남」 항목에 나온다.
　鍾 : 육우의 『다경』 제8장 차의 산지 「회남」 항목 협주에, 의양현(義陽縣)에 있는 '鍾山'이 나온다.
　蒙 : 사천성 몽산의 차이다. 백거이의 시에 나타나며, 몽산의 뇌명차는 모문석의 『다보』에 보인다.
41) 수주(壽州)의 곽산(霍山)은 '각다십삼장'의 하나이며 '황아차(黃芽茶)'로 유명하다.

蟠柢丘陵之厚$^{42)}$
揚柯雨露之澤。$^{43)}$

반저구릉지후
양가우로지택。

두터운 구릉에 뿌리를 모아 내리고
비와 이슬의 은택으로 가지를 뻗는다네.

42) 蟠(반) : 서리다. 두르다. 모이다.
    柢 : 뿌리. 뿌리를 내리다.
43) 揚(양) : 오르다. 쳐들다.
    柯(가) : 자루. 나뭇가지.
    澤(택) : 못. 늪. 적시다. 습기. 은혜.

〔 제2장 해설 〕
 차의 이름과 산지 대부분을 사서(史書)인 『문헌통고』를 인용하였다. 차의 동자(同字)는 명·천·한·파를 썼고 찻감의 보통명사로 산차와 편차를 썼으며, 중국차의 고유명사를 나열하였다.
 차의 이름은 '조취 작설', '우전 우후', '선춘 조춘' 등으로 보아 비슷한 것끼리 묶으면서 평측과 운율을 참작하여 8자씩 열거했다.
 차산지 44개소는 모두 중국 지명만 쓴 것이 아쉬우나, 당시에도 다양했던 중국차와 남방의 무척 넓은 여러 산지를 인식했던 것 같다. 한재는, 야생의 차나무가 흔히 음지에서도 자라며 물이 잘 빠지면서 물안개가 흔한 구릉에 있음을 알고 있었다.
 黃梅와 台는 灰운(평성)이고, 뒤쪽의 洪과 山同은 東운(평성)이다.

제3장 다림(茶林)의 경관

造其處則。[1]

崆山兌㟶碣[2] 嶮巇岊崔,[3]
嵘靠峊㠜[4] 嵣山莽屵岃。[5]

— 뒷장에 이어짐 —

조기처즉。

공앙갈갈 험희올률,
용죄암얼 당망즉리。

제3장 다림(茶林)의 경관 93

차나무가 있는 곳을 보자.

산이 높고 험하게 솟아나 있고
봉우리는 가파르고 험준하구나.
울쑥불쑥 서 있는 바위들
굽이에는 덤불숲이 뻗어 있다네.

1) '造其處'의 직역은 '그것(차)을 만드는 곳'으로 다림(茶林, 차나무 숲)을 뜻한다.
2) 崆(공) 높고 험한 산 이름.
   岇 : 가파를 앙. 원문의 글자는 잘못 쓴 악자(惡字)이다.
   嶱(갈) : 산 험할 갈. 碣(갈) : 비석. 높이 솟다.
3) 嶮은 險(험할 험)과 同字.
   巇 : 가파를 희.
   屼(올) : 민둥산. 산이 높이 솟은 모양.
   崒(률) : 가파를 률. 원문의 글자는 惡字이다.
4) 嵱(용) : 봉우리 모양. 산봉우리가 울쑥불쑥한 모양.
   崔(죄) : 험준할 죄.
   嵒(암) : 바위. 가파르다.
   嵲(얼) : 산 높을 얼. 원문의 유사 글자를 수정함.
5) 嶋 : 산굽이 당.
   원문의 글자 嶋은 『대한화사전』에도 나오지 않는다. 추측컨대 한재가 지어 만든 글자로서, 우거진 산의 숲을 뜻하는 것 같다. 莽은 풀 우거질 망.
   崱(즉) : (산이) 잇닿을 즉, 산이 크게 솟은 모양.
   岾(리) : 고개. 낮은 산줄기가 길게 뻗어 있는 모양.

呀然或放[6] 豁然或絶,[7]
奄然或隱[8] 鞠然或窄。[9]
其上何所見　星斗咫尺,[10]
其下何所聞　江海吼捽。[11]
靈禽兮狢颭,[12]
異獸兮挐攫。[13]

— 뒷장에 이어짐 —

하연혹방　활연혹절,
엄연혹은　국연혹착。
기상하소견　성두지척,
기하하소문　강해후돌。
영금혜함하,
이수혜나확。

골짜기가 텅 빈 듯, 툭 트였다가 끊어지기도 하네.

가려져 숨어 있기도 하고, 굽어지다 좁아지기도 하네.

그 위로 무엇이 보이는가? 별들이 지척이고,

그 아래로 무엇이 들리는가? 강이나 바다가 물결치며 소리 낸다네.[14)]

신령스런 새들이여! 날며 기운을 토하고,

신기한 짐승들이여! 사로잡힐 듯하구나.

6) 呀(하) : 입 딱 벌리다, 높이 솟다, 굴이나 골짜기 등이 텅 빈 모양. 然은 '그러한 모습'의 뜻이다. 放 : 내놓다, 넓히다.
7) 豁(활) : 뚫린 골, 텅 비다.
 豁然(활연) : 활짝 열리는 모양, 널찍한 모양, 깨닫는 모양.
8) 원문의 崦은 중국 감소성에 있는 崦嵫山이므로, 여기서는 '산이 奄(덮어 가림)함'을 뜻하여 고쳤다.
9) 鞠(국) : 굽히다, 기다, 높은 모양. 窄(착) : 좁다. 닥치다
10) 星斗 : ① 별 ② 북두와 남두.
 咫(지)는 여덟 치. '지척'은 썩 가까운 거리.
11) 吼(후) : 울다, 아우성치다. 挼(돌) : 문지르다, 부딪치다.
 원문의 부수대로면 '온돌'을 뜻하므로 바로 잡았다.
12) 翎 : 翎(함)은 작은 새가 날다, 또는 그 모양. 원문에는 羽와 含의 전후가 바뀐 글자이다.
 颬(하) : 숨을 내쉬다, 불다.
13) 拏攫(나확) : 붙잡음, 사로잡음, 붙잡을 나. 붙잡을 확.
14) 우리나라에 차나무 숲이 있는 곳은 대개 해풍이 있거나 골짜기의 물안개가 끼는 곳이다.

□ 차나무가 잘 자라는 곳의 특징으로 산, 봉우리, 바위와 굽이, 강이 있는 골짜기, 바닷가를 들었다.

奇花瑞草　金碧珠璞,¹⁴⁾
蓴蓴蓑蓑¹⁵⁾ 磊磊落落。¹⁶⁾
徒盧之所趑趄¹⁷⁾
魑魅之所逼側。¹⁸⁾

기화서초　금벽주박,
준준쇠쇠　뇌뢰락락.
도로지소자저
이소지소핍측。

제3장 다림(茶林)의 경관 97

　　기이한 꽃과 상서로운 풀들은
　　금빛과 푸른빛의 보석과 옥 같고,
　　덥수룩이 우거지니 용모가 준수하네.
　　용감한 사냥개들도 머뭇거리고
　　산도깨비가 곁에서 위협하는 곳이로다.

14)　金碧(금벽) : 금빛과 푸른빛의 아름다운 빛깔. 璞은 옥돌 박.
15)　蓲(준)은 '더부룩이 난 풀, 우거진 모양'이다. 원문 '尊'은, 연이은 글로 보아 전사과정에서 艹가 빠진 것이다.
　　蓑蓑(쇠쇠) : 잎이나 꽃술이 늘어진 모양.
16)　磊磊落落(뢰뢰락락) : '높고 큰 모양, 용모가 준수한 모양'의 뜻이다. '뇌락'이라고도 한다. 돌무더기 뢰.
17)　盧는 '전국시대 한나라의 검은 名犬'의 뜻이 있다.
　　趑趄(자저) : 머뭇거릴 자, 뒤뚝거릴 저.
18)　魑魈(이소) : 산도깨비. 도깨비 리. 산의 요괴 소.
　　逼(핍) : 위협하다. 좁다.

〔 제3장 해설 〕
　이 글은 중국 서적을 베낀 것이 아니라 자신이 조선에서 체험한 내용이다. 새해 인사차 북경에 잠시 따라갔다 오는 동안 양자강 이남의 차밭을 자세히 보기는 거의 불가능할 뿐 아니라,앞에서 차숲 아래에 강뿐 아니라 바다가 있다고 했으며, 제4장에서 봄에 난 차싹 모습을 상설하고 손수 차를 따서 수레로 나른다고 했기 때문이다. 고려 이규보의 차시에도 위와 같이 우리나라 차나무 숲은 상당히 험악했음을 알 수 있다. 김종직이 함양차밭을 조성한 때로부터 20년 후인 당시에는 지리산 자락의 다림(茶林)도 상당히 무성했을 것이다.

제4장 춘절(春節)의 채다(採茶)

於是,[1)]
谷風乍起[2)] 北斗轉壁,[3)]
氷解黃河 日躔靑陸。[4)]
草有心而未萌,[5)]
木歸根而欲遷。[6)]
惟彼佳樹[7)] 百物之先,
獨步早春 自專其天。

— 뒷장에 이어짐 —

어시,
곡풍사기 북두전벽,
빙해황하 일전청륙。
초유심이미맹,
목귀근이욕천。
유피가수 백물지선,
독보조춘 자전기천。

이에,

봄바람이 언뜻 일고 북두칠성이 벽성(壁星)을 지나니,

얼음이 녹아 황하로 흐르며 해는 푸른 대지를 도는구나.

풀은 움틀 마음을 가지지만 아직 싹이 나지 않았고,

나무는 봄기운을 뿌리로 보내어 다시 (가지와 잎으로) 옮기려 하네.

오직 저 훌륭한 차나무는 백물에 앞서서,

이른 봄에 홀로 나서니 절로 하늘을 독차지하게 되네.

1) 於是는 판소리 등에서 "이것을 볼짝시면,"에 해당된다.
2) 谷風(곡풍) : 만물을 자라게 하는 바람. 이를 東風, 春風, 穀風'이라고도 한다.   乍(사) : 잠깐, 처음.
3) 壁(벽) : 원문의 글자는 玉의 뜻이므로, 壁星(벽성)을 뜻하는 '壁'으로 고쳤다. 이는 28수(二十八宿)의 열 넷째 별이고 북쪽에 있는 현무칠수(玄武七宿 : 斗・牛・女・虛・危・室・壁)의 끝별이다. 이십팔수는 각각 일곱 개의 별로 나누어져 동・서・남・북에 배치되는데, 북두칠성이 북쪽의 '壁'을 지나게 되면 봄이 온다.
4) 躔(전) : 궤도, 돌다.
   靑陸(청륙) : '동서남북'을 '四陸'이라 했으므로 '푸른 대지'를 뜻한다.
5) 有는 타동사로 '지니다'의 뜻이 있다.
6) 歸根(뿌리로 돌아감)은, 가을에 나뭇잎이 지고 정기가 뿌리에 모인 것을 말하고, 欲遷은 뿌리의 생기가 가지와 잎으로 옮겨가려는 욕망을 뜻한다. 한재는 초목의 마음도 읽었다.
7) 佳樹는 훌륭한 품격을 지닌 차나무를 뜻한다.

□ 봄을 맞는 차나무를, '草의 心', '나무가 (영기를) 옮긴다', '早春을 독보한다' 등으로 의인화하여, '노력함(力行)'을 나타내었다.

紫者綠者　靑者黃者,[8]
早者晚者　短者長者。
結根竦幹[9]　布葉垂陰。
黃金芽兮[10]　已吐碧玉。
蕤兮成林[11]　晻曖蓊蔚。[12]

― 뒷장에 이어짐 ―

자자록자　청자황자,
조자만자　단자장자。
결근송간　포엽수음。
황금아혜　이토벽옥。
유혜성림　엄애옹울。

제4장 춘절(春節)의 채다(採茶) 101

자색・녹색, 청색・황색이 있고,
이른 것・늦은 것・짧은 것・긴 것이 있구나.
뿌리에 정기 모아 줄기에 돋우어,
잎을 펴고 그늘을 드리웠도다.
황금빛 싹이여, 푸른 옥을 이미 토하였네.
드리워져서 숲을 이루니, 가려지고 우거져 울창하구나.

8) 靑은 짙푸른 색이고, 綠은 연두 빛 가까운 녹색을 뜻한다.
9) 結根(결근) : 뿌리에 모인다 함은 싹을 낼 기운이 뿌리에서 결집됨을 뜻한다.
   竦(송) : 삼가다, 발돋움하다.
   幹(간) : 줄기 간.
   '竦幹'은 싹을 내는 기운이 줄기에 뻗친다는 뜻이다.
10) 兮는 구절의 중간에 써서 운을 고르기도 한다.
11) 㽔 : 늘어질 유.
12) 唵曖 : 唵은 어두울 엄. 曖는 가릴 애.
   翁蔚(옹울) : 초목이 무성한 모양. 翁은 우거질 옹.

□ 여기서는 찻잎이 돋아 무성하게 피어난 모습을 나타내었다.

阿那嬋媛[13]
翼翼焉與與焉。[14]
若雲之作霧之興,
而信天下之壯觀也。[15]
洞嘯歸來[16] 薄言采采,[17]
擷之捋之[18] 負且載之。[19]

아나선원
익익언여여언。
약운지작무지흥,
이신천하지장관야。
통소귀래　박언채채,
힐지랄지　부차재지。

아름답고 고운 미인
정연하고 위의 있네.
구름이 생겨나고 안개가 피어나면,
그야말로 천하의 장관일세.
퉁소 불고 돌아오며 잠깐 찻잎 따노니,
집어 따서 담아 지고 수레로 나른다네.

13) 阿那(아나) : 아름답고 요염함. 阿(아) : 언덕, 또는 가지가 뻗어 아름다운 모양. 嬋(선) : 고울 선. 媛(원) : 미인 원.
14) 翼翼(익익) : ① 공경하고 삼가는 모양 ② 정연한 모양. 무성한 모양. 翼은 날개, 받들다, 삼가다의 뜻.
    與與(여여) : 위의가 갖추어지고 분에 알맞은 모양.
15) 信 : 믿다. 알다. 밝히다.
16) 洞嘯(통소)는 퉁소이다. 洞은 '골 동, 뚫을 통'으로 읽는다. 퉁소는 가는 대로 만든 부는 악기로서 笛(적)과 흡사하나 세로로 부는 것이 다르다.
17) 薄(박)은 '얇다, 적다, 잠깐'의 뜻이고, 言은 조사로 焉과 통한다. 采는 採와 同字이다.
18) 擷(힐)은 '따다, 캐다.' 捋(랄)은 '집어 따다. 비비다'의 뜻이다.
19) 載(재) : 수레에 싣다. 수레에 타다.

〔 제4장 해설 〕
 이른 봄에 한재는 차나무 숲에 가서 차싹이 돋아나는 생김새를 관찰하고 직접 느낀 바를 적었다. 차를 사랑하는 사람은 돋아난 차나무 싹을 가리켜 '阿那嬋媛'이라 할 만하고, 안개 낀 차밭을 보노라면 장관임에 틀림없다. 한재는 퉁소를 불며 놀다가 손수 숲속의 차를 따서 등에 지고 와 다시 수레에 싣고 가는 자신의 모습을 썼다.

제5장　전다(煎茶) 삼품(三品)

搴玉甌而自濯[1]
煎石泉而旁觀。[2]

白氣漲[3]口
夏雲之生溪巒也。[4]
素濤鱗[5]生
春江之壯波瀾也。[6]

— 뒷장에 이어짐 —

건옥구이자탁
전석천이방관。

백기창구
하운지생계만야。
소도린생
춘강지장파란야。

나는 옥 같은 잔을 꺼내어 씻어 놓고,
돌 샘물을 끓이며 곁에서 지켜본다네.

하얀 김이 부리에서 쏟아져 나오니,
여름 하늘의 구름이 계곡과 산등성이에 생기는구나.
맑은 물결로 끓다가 물고기 비늘 생기고,
봄 강물이 씩씩하게 파도치는구나.

1) 搴(건) : 빼다.
   玉甌는 찻잔의 미칭(美稱)이다. '甌'는 큰 찻사발이 아니라 '작은 다완'이나 '찻잔'으로 해석함이 타당하다.
   自는 '스스로, 몸소, 진실로, 처음, ~로부터'의 뜻이 있다.
   濯(탁)은 '洗濯(빨래)'에서 쓰인다.
2) 한재는 차 끓이는 좋은 물이 石泉임을 알고 있었다. 육우가 최고로 친 乳泉·石池도 석천이다.
   旁ㄴ傍. 두루, 곁의 뜻. '傍觀'은 오늘날도 '수수방관'으로 쓰인다.
3) 漲(창) : 물이 불어나다(붇다). 넘쳐날 정도로 성하다.
4) 夏雲(하운) : 여름철의 구름. 巒(만) : 뫼, 길게 뻗은 좁은 산.
5) 鱗(린) : 물이 끓는 거품 모양을 어안(魚眼)이 아닌 물고기의 비늘에 비유했다.
6) 春江은 여름 우기의 강물과 달리, 얼음이 녹아 흐르므로 거세지 않다.
   波瀾(파란) : ① 파도 ② 평온하지 못함.
   壯(장) : 씩씩하다. 훌륭하다. 성하다.

□ 손수 전다하였다는 내용과, 끓는 차탕의 모습을 세밀히 관찰하였다는 점이 중시된다.

煎聲颼颼[7)]
霜風之嘯篁栢也。[8)]
香子泛泛[9)]
戰艦之飛赤壁也。

― 뒷장에 이어짐 ―

전성수수
상풍지소황백야。
향자범범
전함지비적벽야。

끓는 소리 쉬쉬하니
서릿바람 부는 대나무와 잣나무 숲에 휘파람소리 나네.
아름다운 향기가 차탕에 떠서 전해오니
전함이 적벽의 강을 나는 듯 하구나.[10]

7) 颼颼(수수) : 바람이 부는 소리의 표현.
8) 霜風(상풍) : 서릿바람(서리 내린 아침에 부는 쌀쌀한 바람).
 嘯(소) : 휘파람 불다. 篁(황) : 대숲 황.
 栢은 柏의 俗字로 우리나라에서는 잣나무를 뜻한다. 한재는 중국에서 흔히 쓰이던 '松風檜雨'를 적지 않고 '篁栢之嘯'라 한 점이 독창적이다.
9) 香子는 향기에 조사인 '子'를 붙여 감동을 표현한 것이다.
 泛泛(범범) : 물 위에 뜬 모양.
10) 차의 향기가 진하고 빨리 퍼져오는 모습을 창의적으로 형용하였다. 「前赤壁賦」 내용을 보면, 소동파는 임술년(1082년) 가을에 호북성 적벽에서 친구와 하룻밤을 뱃놀이 하며 노닐면서, 삼국시대의 촉·오 연합군이 조조의 군대를 양자강에서 대파한 것을 회상하였다.

□ 여기서 한재는 탕이 끓는 것을 보고, ① 흰색 김과 여름구름 ② 비늘 모양과 강의 물결 ③ '수수' 휘파람소리 ④ '차탕의 진한 향기 전해옴'으로 구분하였다. 육우가 『다경』에서 탕비의 세 단계를 ① 물고기 눈과 작은 소리 ② 용천연주 ③ 등파고랑으로 나눈 것과는 사뭇 다르며, 한재 이전의 중국 다서와 비교해도 그의 독창성이 드러난다.
 이 글을 보면 당시에 찻감을 탕수에 넣어 끓였음을 알 수 있다. 당송대의 末茶를 쓰지 않았음은, 한재시대에도 쓰였던 '雪', '花'나 '雲乳' 그리고 '沫' 등의 표현이 전혀 없는 데서 추정된다.

俄自笑而自酌。[11)]
亂雙眸之明滅。[12)]

於以,[13)]
能輕身者　非上品耶。[14)]
能掃痾者[15)]非中品耶。
能慰悶者　非次品耶。

— 뒷장에 이어짐 —

아자소이자작
난쌍모지명멸。

오이,
능경신자　비상품야。
능소아자　비중품야。
능위민자　비차품야。

갑자기 절로 웃음이 나며 따라 마시니
흐렸던 두 눈이 밝아졌다 어두워졌다 하는구나.

아아!
몸을 가볍게 할 수 있는 것은 상품이 아니겠는가.[16]
고질을 없앨 수 있는 것은 중품이 아니겠는가.
시름을 달래 줄 수 있는 것은 그 다음 품질 아니겠는가.

11) 俄(아) : 갑자기.
　自酌은 혼자 차를 따라 마심을 뜻한다.
12) 眸(모) : 눈(동자).
　明滅(명멸) : 빛이 밝았다 어두웠다 하거나 먼 데 있는 것이 보였다 안 보였다 함을 뜻한다. 황홀하여 취한 모습을 그렸다.
13) 於 : 감탄하는 소리인 '아!'의 뜻이며, 이때는 '오'로 읽는다.
　'以'는 '(茶 한 잔)으로써'의 뜻이다.
　'者'는 '~thing'의 동명사구를 만든다.
14) 耶는 의문의 '어조사 야'이며 어세를 돕는다. 邪(사, 야)와 同字로 쓰임. 앞의 '非'와 함께 강한 긍정을 나타낸다.
15) 痾(아) : 宿病(오래 전부터 앓고 있는 병).
16) 당시에도 상품은 여린 차싹이었을 것이므로, 세작이나 우전차는 각성효과가 커서 몸이 가벼움을 느낀다.

□ 제5장의 첫머리부터 於以 앞까지의 전다 조항은 다가라면 외워서 노래할 만하다.

乃把一瓢露[17]雙脚,
陋白石之煮[18]
擬金丹[19]之熟。

내파일표로쌍각,
누백석지자
의금단지숙。

이에 표주박 하나 손에 들고 바지를 걷었으니,[20)
백석 끓이는 일을 천하게 여기고
단약 익히기를 의심하리라.[21)

17) 露(로) : 이슬. 드러내다.
18) 陋는 白石之煮의 타동사이다. 白石은 흰 돌 또는 약성이 있는 돌로서 민간이나 道家에서 끓여 마셨다는 기록들이 있다.
19) 金丹 : 仙人이나 道士가 만든다는 장생불사의 영약. 仙丹··丹·仙藥이라고도 한다.
   擬(의) : 헤아리다. 견주다. 모방하다. 의심하다(≒疑).
20) 雙脚 : '馬脚露出'의 뜻이, 숨기려던 정체가 저도 모르는 사이에 드러남을 의미하듯이, '雙脚을 드러냄'은 차탕을 마시고 싶은 자신의 본성이 나타남을 뜻한다.
21) 신선되기 위해서는 백석을 끓여 먹거나 단약을 먹을 필요 없이 차가 좋다는 뜻이다.

〔 제5장 해설 〕
 한재는 세밀하게 전다함을 창의적 탕법(湯法)으로 썼다. 한재의 전다구를 살펴보면, 불 피는 풍로나 화덕, 물 담는 그릇, 입이 넓은 부리탕관, 잔(甌), 표주박이 있었다. 한재는 차를 마시기 전에 몸이 가볍거나 고질을 없애거나 시름이 없어질 것을 기대하면서 상품·중품·차품을 언급하였다. 굳이 구분하자면 상품은 각성효과가 뛰어나고, 중품과 차품은 구하기 쉽고 습관적으로 마시기에 적당하다는 차이가 있다. 한재가 손수 찻감을 만들지는 않은 것 같다.

제6장　한재의 칠완다가(七椀茶歌)

啜盡一椀, 枯腸沃雪。[1]
啜盡二椀, 爽魂欲仙。[2]
其三椀也
病骨醒頭風痊。[3]
心兮
若魯叟抗志[4]於浮雲,
鄒老養氣於浩然。[5]

— 뒷장에 이어짐 —

철진일완, 고장옥설.
철진이완, 상혼욕선.
기삼완야
병골성두풍전.
심혜
약노수항지어부운,
추로양기어호연.

차 한 잔을 마시니, 마른 창자를 눈물로 적신 것 같고,
두 잔 차를 마시니, 정신이 상쾌하여 신선되고 싶네.
셋째 잔을 마시니,
병든 뼈가 깨어나고 두통이 없어지네.
나의 마음은,
공자가 뜬 구름 같은 부귀에 뜻을 맞서는 것과 같게 되고,[6]
맹자의 호연지기를 기르게 되네.[7]

1) 沃(옥) : 물 댈 옥.
2) 爽(상) : 시원하다. 밝다.
3) 頭風 : 두통. 痊(전) : 병이 나을 전.
4) 魯叟(노수) : 노나라의 늙은이. 이름이 丘인 孔子(BC. 552~479)를 달리 이르는 말. '若'은 뒷 구절의 '… 浩然'까지 걸린다.
   抗志 : ① 뜻을 고상하게 함 ② 맞서 겨루는 뜻. 抗은 '막다. 저지하다. 들어 올리다.'이므로 抗志는 뜻을 높이 가진다는 것.
5) 鄒老(추로) : 추지방의 노인, 즉 孟子(BC. 372~289)이다.
   浩然 : 넓고도 성대한 모양. '호연지기'는 『맹자』「공손추(公孫丑)」에 나오며 맹자는 스스로 잘 기른다고 했다.
6) 『논어』「술이(述而)」에 "子曰, 飯疏食飮水, 曲肱而枕之, 樂亦在其中, 不義而富且貴, 於我如浮雲.(공자께서 말씀하셨다. 거친 밥을 먹고 물을 마시며 팔을 굽혀 베고 누워도 즐거움은 역시 그 가운데 있느니라. 의롭지 않으면서 얻는 부귀는 내게 뜬 구름과 같다.)"고 한 데서 온 말이다. 차 석 잔을 마시고 나면 공자가 의롭지 못한 부귀를 뜬 구름 같이 여긴 의지를 따르게 된다는 말이다.
7) 앞 구절인 '공자의 부운'과 함께 『허실생백부』제5장에도 나오므로 한재가 무척 중시한 내용이다. 한재는 명음(茗飮)으로 인해 집의(集義)가 되어 호연지기가 생김을 강조하였다.

其四椀也
雄豪發憂忿空。[8)]
氣兮
若登太山而小天下,
疑此俯仰之不能容。[9)]

— 뒷장에 이어짐 —

기사완야
웅호발우분공。
기혜
약등태산이소천하,
의차부앙지불능용。

넷째 잔을 마시니,

씩씩하고 날랜 기운이 생겨나고 근심과 울분이 비워지는구나.

기력은,

태산에 올라 천하를 작게 여겼던 것과 같아져,¹⁰⁾

이렇게 굽어봄이 용서받을 수 없을 것을 두려워한다네.

8) 雄豪(웅호) : 용맹스럽고 셈.
   忿(분) : 성내다. 분한 마음, 원통함.
   육우는 『다경』 제6장에서 "근심과 분노를 덜려면 술을 마시며, 혼돈과 졸림을 없애려면 차를 마신다.(蠲憂忿飮之以酒, 蕩昏寐 飮之以茶.)"이라 했다. 그러나 한재는 우분(憂忿)을 덜려면 차 넉 잔을 마신다고 하였다. 차가 울분을 없앤다는 글은 한재가 세계최초인 것 같다.
9) 疑(의) : '의심하다'의 뜻 외에, '두려워하다, 헤아리다'의 뜻이 있다.
   不能容 : 용서할 수 없음.
   俯仰(부앙) : 하늘을 우러러보고 세상을 굽어봄.
10) 『맹자』「진심(盡心) 上」에 "孟子曰, 登東山而小魯, 登太山而小天下(공자께서 東山에 올라 魯나라를 작게 여기고 태산에 올라 천하를 작게 여기셨다)."고 한 내용을 인용하여, (자신도) 공자와 같이 생각함을 (남이) 건방지다고 하지나 않을까 걱정된다는 뜻이다.

其五椀也
色魔驚遁[11] 饕尸盲聾。[12]
身兮
若雲裳而羽衣 鞭白鸞於蟾宮。[13]

— 뒷장에 이어짐 —

기오완야
색마경둔 철시맹롱。
신혜
약운상이우의 편백란어섬궁。

다섯째 잔을 마시니,
색마(色魔)가 놀라서 달아나고
제수를 탐하는 시동은 눈이 멀고 귀가 먹게 되는구나.[14]
몸은,
구름치마에 깃털 옷을 걸치고서
흰 난새를 채찍질해 월궁(月宮)으로 가는 것 같다네.[15]

11) 色魔 : 여색을 좋아하며 갖은 나쁜 짓을 하는 사람, 혹은 그
러한 마귀.
　遁 : 달아날 둔.
12) 餮(철) : 탐하다.
　尸 : 尸童. 이는 고대에 제사지낼 때 神位 대신에 교의에 앉히
던 어린 아이이다.
13) 鞭(편) : 채찍, 매질하다.
　鸞(난새) : 봉황 모양으로 생긴 상상의 길조.
　蟾宮(섬궁) : 달 속의 궁전, 즉 月宮을 말함.
14) 신위 대신 앉은 시동이 제수 음식이나 홀기 소리에 무심해
지듯이 무욕의 상태가 됨을 뜻한다.
15) 이 글은 인식이 하늘을 향해 감을 은유적으로 나타낸 것이
다. 고구려 고분벽화(길림성 집안현 소재)의 '天仙圖'가 생각나는
구절이다.(『다도철학』 도4)

其六椀也
方寸日月[16] 萬類籧篨。[17]
神兮
若驅巢許[18]而僕夷齊,[19]
揖上帝於玄虛。[20]

— 뒷장에 이어짐 —

기육완야
방촌일월 만류거저。
신혜
약구소허이복이제,
읍상제어현허。

여섯째 잔을 마시니,

마음이 해와 달이 되어,[21]

만 가지가 다 거적에 있구나.[22]

정신은,

소보(巢父)와 허유(許由)를 쫓아내고 백이와 숙제를 종복 삼은 것 같아져서,

하늘에 있는 황상제(上帝)에게 읍을 하도다.[23]

16) 方寸 : 사방 한 치의 넓이. 흔히 마음을 일컫는다.
17) 簷篨(거저) : 簷와 篨는 대자리. '거적'의 소리를 한자로 빌려 적은 假借音이다. 이 글은 '方寸日月'과 대귀를 이룬다.
18) 驅(구) : 몰다, 쫓아내다.
　巢許(소허) : 중국 고대 堯임금 때의 隱士인 巢父와 許由를 말함. 父는 이름의 미칭일 경우에 '보'로 읽는다. 요임금이 허유에게 왕위를 물려주려 했으나 받지 않고, 자기의 귀가 더러워졌다 하여 영천의 물에 귀를 씻었으며 箕山에 들어가서 숨었다고 함. 또 소를 몰고 온 소보가 귀를 씻는 허유를 보고 그런 더러운 물은 소에게도 마시게 할 수 없다고 하여 되돌아갔다고 전한다.
19) 僕(복) : 하인, 지배하다.
　夷齊 : 은나라의 伯夷와 그의 아우 叔齊는 周의 무왕이 은나라를 멸망시켰으므로 함께 수양산에 들어가 살다가 죽음.
20) 上帝 : 하느님 또는 도교와 민간신앙의 옥황상제.
　玄虛 : 하늘, 허공. '老子의 道'를 뜻하기도 한다.
21) 마음이 둥글고 크게 밝아졌음을 말한다.
22) 자신이 해와 달의 마음이 되어 지상을 보니, 만물이 거적 위에 있는 것 같다는 말이다.
23) 허유나 백이의 인식 체계도 초월하여 상제를 만난 듯이 느껴짐을 뜻한다.

何七椀之未半[24]
鬱淸風之生襟。[25]
望閶闔[26]兮 孔邇隔,[27]
蓬萊之蕭森。[28]

하칠완지미반
울청풍지생금。
망창합혜 공이격,
봉래지소삼。

어떻게 일곱째 잔은 아직 반도 마시지 않았는데
청풍이 흉금에 가득 생기는가?
천상계의 문을 보나니 무척 가까우며,
봉래산은 조용하고 울창하구나.

24) '未半七椀'의 도치법을 쓰기 위해 '之'를 붙였다.
25) 鬱(울) : 우거지다, 가득 차다, 향기롭다.
   襟 : 가슴, 옷깃 금. 한재는 문장의 과장을 싫어했으므로 '흉금'으로 해석되는 은유법을 썼다.
26) 閶闔(창합) : 전설적 天上界의 문. 孔은 '구멍, 매우'의 뜻.
27) 邇(이) : 가까울 이. 이격(邇隔) : 가까운 거리.
28) 蓬萊(山) : ① 중국에서 상상하던 三神山의 하나로, 동쪽 바다 가운데에 있으며 신선이 살고 불로초와 불사약이 있다는 영산. ② 여름철의 금강산. ③ 湖北省 黃岡縣의 양자강 가에 있는 산.
   蕭森(소삼) : ① 조용하고 쓸쓸한 모양 ② 수목이 많은 모양.

〔 제6장 해설 〕

　이목의 칠완차는, 차탕을 여섯 잔 마신 후 지극히 청신(淸神)해져 상제를 만난 듯 하고, 일곱 잔을 마시니 자신의 '心'이 하늘의 '心'에 다가갔음을 나타내었다. 그 형식은 당나라 노동(盧同, 795?~835)의 시(走筆謝孟諫議寄新茶)를 참작했으나 그 내용은 상당히 다르다. 중국에서도 「칠완다가(七碗茶歌)」로 불리는 노동의 시는 그의 유일한 차시이다.

　이목은 차를 마신 효과가 ① 腸 ② 魂 ③ 心 ④ 氣 ⑤ 身 ⑥ 神 ⑦ 仙界(봉래산을 내려다 봄)로 이전함을 체득하였다. 노동과 같은 점은, '한 잔'부터 '여섯 잔' 그리고 '청풍'과 '봉래산'이라는 몇 개 단어이다.

□ 노동*의 칠완다가

「맹간의*가 부쳐준 햇차에 감사하여 급히 씀」
　－ 走筆謝孟諫議寄新茶 －

日高丈五睡正濃, 軍將打門驚周公。*
…… (상략) ……
一碗喉吻潤, 二碗破孤悶。
三碗搜枯腸,* 唯有文字五千卷。
四碗發輕汗, 平生不平事, 盡向毛孔散。
五碗肌骨淸, 六碗通仙靈。
七碗喫不得也, 唯覺兩腋　習習淸風生。
蓬萊山在何處, 玉川子乘此淸風　欲歸去。
…… (하략) ……
便爲諫議問蒼生,　到頭合得蘇息* 否。

일고장오수정농,　군장타문경주공。
…… (상략) ……
일완후문윤, 이완파고민。
삼완수고장, 유유문자오천권。
사완발경한, 평생불평사　진향모공산。
오완기골청, 육완통선령。
칠완끽부득야, 유각양액　습습청풍생。
봉래산재하처, 옥천자승차청풍　욕귀거。
…… (하략) ……
편위간의문창생,　도두합득소식부。

제6장 한재의 칠완다가(七椀茶歌) 123

날이 훤히 밝도록 깊은 잠에 빠졌는데,
군관이 대문을 두드려 나를 놀라게 하네.
　　…… (상략) ……
한 잔을 마시니 목과 입술이 촉촉해지고,
두 잔을 마시니 고민이 사라지네.
석 잔을 마시고 재주 없는 글을 쓰려 하니,
오천 권의 문자로 가득하네.
넉 잔을 마시니 가벼운 땀이 나고,
평소에 불평스런 일들이 모두 땀구멍으로 흩어지네.
다섯 잔을 마시니 살과 뼈가 맑아지고,
여섯 잔을 마시니 신선과 통하게 되네.
일곱 잔은 마시지 않았는데,
양 겨드랑이에서 청풍이 온화하게 일어나는 듯하구나.
봉래산이 어디인고?
옥천자는 이 청풍을 타고 돌아가고자 하노라.
　　…… (하략) ……
내친 김에 맹간의에게 백성들 안부 묻나니,
도대체 살아서 잘 있기나 하는지?

* 노동의 호는 玉川子이고 少室山에 은거했으며, 곤궁한 가운데 독서했으나 벼슬하지 않았다. 소은 同의 古字.
* 孟諫議(맹간의) : 孟諫(?~824)은 唐代 덕주(德州) 사람. 간의 대부(諫議大夫) 벼슬을 했으므로 '議'를 붙였다.
* 周公(주공) : 공자가 존경하는 周 武王의 아우. 그의 봉지(封地)가 周지방이므로 주공이라 칭함. 이 시에서는 자신을 일컬었다.
* 枯腸 : 건조한 창자, 또는 빈속이라는 뜻으로, 창작력이 부족하거나 문재(文才)가 없음을 뜻한다.
* 蘇息 : 소생(蘇生)과 같은 말.

■ 노동의 팽다도(烹茶圖) 송나라 전선(錢選)의 그림.
『中國茶道』(翻印必究 저) 소재

□ 한재와 노동의 칠완다가 비교

잔수	노동의 효능	한재의 효능
1	목과 입술 적심	창자가 적셔짐
2	고민 해소	신선의 영혼을 지니고 싶음
3	글 쓰고 싶음	뼈가 살아나고 두통이 사라짐. '心'은 부귀를 버렸고, 호연지기 생김
4	땀이 나고 불평 사라짐	힘이 생기고 근심과 울분 없어짐 '氣'는 천하가 작아 보임
5	기골이 맑아짐	색욕과 식욕 사라지고, '身'은 난새를 타고 하늘의 달나라로 감
6	신선과 통함. 청풍이 겨드랑이에서 일어나 봉래산 가고 싶음	마음은 하늘에 있고 지상은 거적 같다. 소보와 백이보다 '神'이 맑아져, 상제를 만나 절함
7	안 마심	조금 마심. 청풍이 가슴에 가득 차서 하늘 문 앞에서 봉래산을 보는 상상을 함

한재와 노동의 칠완다가를 자세히 보면 상당히 다름을 확인할 수 있다. 노동은 사실상 차 여섯 잔 마신 글을 썼고, 결론은 봉래산의 신선이 되고 싶다고 했으나, 한재는 일곱 잔을 마시면서 '心'이 하늘문 가까이 이르러, 조용하고 울창한 봉래산을 내려다보는 상상을 썼다. 신선을 관조한다는 의미이다. 그리고 석 잔을 마시니 호연지기가 생기고 '心과 神'이 맑아져, 하늘과 같아짐을 강조했다.

한재는 다섯 째 잔부터 '心'이 하늘의 진리를 찾기 시작하여 여섯째 잔을 마시니 인간세계의 평범함이 보이고, 옥황상제를 만났다고 하였다. 노동의 위 시는 조선에서 발간된 『사문유취(事文類聚)』에도 전문이 실려 있는데, 碗을 '椀'으로 썼고 옥천자를 '玉仙子'라 기록되어 있다.

제7장 차의 오공(五功) 육덕(六德)

若斯¹⁾之味　極長且妙
而論功之　不可闕也。

當其凉生玉堂²⁾　夜闌書榻,³⁾
欲破萬卷　頃刻不輟。⁴⁾
董生唇腐⁵⁾　韓子齒豁,⁶⁾
靡爾也⁷⁾　誰解其渴。
其功一也。

— 뒷장에 이어짐 —

약사지미　극장차묘
이론공지　불가궐야。

당기량생옥당　야란서탑,
욕파만권　경각불철。
동생순부　한자치활,
미이야　수해기갈。
기공일야。

이 맛이 지극히 좋고 또한 묘하니
그 공을 논함에 빠뜨릴 수 없노라.

서늘함이 옥당에서 일어나니 밤늦도록 책상에 앉아서,
만 권 책을 독파하고자 잠시도 쉬지 않는다네.
한유(韓愈)가 썼듯이, 동생(董生)같이 입술이 문드러지고 이가 빠질 때,
네가 없었으면 그 누가 목마름을 풀어주었으랴?
그 공이 첫째이다.

1) 斯는 대명사이다.
2) 當 : 당할 당. 주관할 당.　玉堂 : 홍문관, 또는 아름다운 전당.
3) 闌(란) : 저물다. 가로막다.
   榻(탑) : 걸상. 길고 좁게 만든 평상(등받이가 있다).
4) 頃刻(경각) : 눈 깜짝하는 동안, 시각 刻.
   輟(철) : 그칠 철. 멈추다.
5) 董生(동생) : 唐나라 學人 동소남(董邵南)을 가리킴. 韓愈가 지은 「董生行」이란 글에서, 그는 책을 많이 읽다가 입술이 터져 상했다고 한다. 唇은 '입술 순(≒脣)'으로 쓰인다.
6) 韓子는 唐의 문호인 한유(韓愈, 768~824). 退之는 字이다. 공부하느라 이가 빠진 이야기는 한유가 쓴 글에 나온다.
   齒豁(치활) : 이가 빠짐. 豁은 '뚫린 골. 텅 비다. 통하다'의 뜻.
7) 靡(미) : 쓰러지다. 없다. 함께하다. 여기서는 '없다'의 뜻.

□ 차의 첫 번째 공은, 독서나 글공부할 때 마시는 음료라는 점이다. 輟은 屑운이고 豁과 渴이 曷운이나 세 글자 모두 입성(측성)이다.

次則,[8]
讀賦漢宮[9] 上書梁獄,[10]
枯槁其形[11] 憔悴其色。
腸一日而九回[12]
若火燎乎膈臆,[13]
靡爾也　誰叙其鬱。[14]
其功二也。

— 뒷장에 이어짐 —

차즉,
독부한궁　상서량옥,
고고기형　초췌기색。
장일일이구회
약화료호픽억,
미이야　수서기울。
기공이야。

다음인즉,
한나라 궁에서 부를 읽고
양나라 감옥에서 호소하는 글을 쓰니,
그 모습이 야위고 그 안색은 초췌하다.
창자가 하루에 아홉 번 뒤틀리고
답답한 가슴에 불이 타는 것 같을 때,
네가 아니면 뉘라서 그 답답함을 풀어주었으랴?
그 공이 둘째이다.

8) 則(즉) : 곧 즉. 법 칙.
9) 漢宮(한궁) : 한나라 또는 중국의 宮.
10) 梁獄(양옥) : 양나라 감옥. 중국 전한 때 충신인 추양(鄒陽)이 양나라 옥에 갇혔는데, 글로써 억울함을 호소하여 풀려났다는 故事가 있다.
11) 枯槁(고고) : ① 초목이 마름 ② 야윔. 枯 : 마를 고. 槁와 稾는 同字. 도치법을 써서 강조하였으므로 '其形枯槁 其色憔悴'이다.
12) 回는 동사로 쓰였다.
13) 燎(료) : 화톳불. 불을 놓다.
 膈臆(픽억) : 가슴이 답답함. 답답한 가슴. 膈은 '답답하다, 울적하다'의 뜻.
14) 誰(수) : 누구 ~ ?, 묻다.
 叙는 敍의 俗字. '차례(대로 행하다), 말하다, 베풀다'의 뜻.
 鬱(울) : 막히다. 원망하다. 수풀이 무성하다.

□ 차의 두 번째 공은, 글을 쓸 때 막히고 답답한 고통을 덜어준다는 것이다. 여기서 한재는 글을 읽고 지을 때 차를 마셨음을 알 수 있다.

次則,
一札天頒[15] 萬國同心,
星使傳命[16] 列侯承臨。[17]
揖讓之禮旣陳[18] 寒暄之慰將訖,[19]
靡爾也 賓主之情誰愶。[20]
其功三也。

— 뒷장에 이어짐 —

차즉,
일찰천반 만국동심,
성사전명 열후승림。
읍양지례기진 한훤지위장흘,
미이야 빈주지정수협。
기공삼야。

다음인즉,

천자가 한 통의 서찰을 반포하여 만국이 한마음 되고자,

칙사가 명을 전하니 열국 제후들이 임하여 받든다네.

읍하고 사양하는 예가 행해지고, 날씨의 문안인사 마치려 할 때,

네가 아니면, 귀한 손님과 주인의 정을 누가 합하게 하랴?

그 공이 셋째이다.

15) 頒(반) : 나눌 반. '한글을 頒布하시니'의 용례가 있다.
16) 星使 : 임금의 사자를 달리 이르는 말. 여기서는 황제의 勅使를 가리킴.
17) 侯(후) : 과녁. 제후. (候는 철 후) 列侯 : 열국의 諸侯.
18) 揖讓(읍양) : 읍하고 사양하는 예절.
19) 寒暄(한훤) : 춥고 더움을 묻는 인사. 節侯와 日氣로써 서로 문안하는 것. 暄은 '따뜻하다. 온난하다'의 뜻.
　訖(흘) : 마치다, 이르다.　將 : 막(장차) ~하려 하다.
20) 도치법을 썼다. 즉, '誰協賓主之情'이다.
　조선시대의 '賓'은 단순한 '손님'이 아니라 제일 윗자리의 귀빈이나 집례하는 윗사람을 뜻한다.
　誰(수) : 누구 수.
　協 : 합할 협. 恊은 協과 同字.

□ 차의 세 번째 공은, 접빈다례를 행한다는 것이다. 한재가 살았던 15세기에도 궁정에서 사신접대 다의(茶儀)가 행해졌음을 알 수 있다. 이 글 육덕(六德)에서는 '使人禮'라 하여, 한재는 다도에 따르는 예를 무척 중시하였다.

次則,
天台幽人²¹⁾ 靑城羽客,²²⁾
石角噓氣²³⁾ 松根鍊精,²⁴⁾
囊中之法欲試²⁵⁾ 腹內之雷乍鳴。
靡爾也　三彭之蠱誰征。²⁶⁾
其功四也。

— 뒷장에 이어짐 —

차즉,
천태유인　청성우객,
석각허기　송근련정,
낭중지법욕시　복내지뢰사명。
미이야　삼팽지고수정。
기공사야。

다음인즉,

천태산의 은자와 청성산의 신선이,

바위 모서리에서 기식(氣息)을 토하고 소나무뿌리에서 정기를 단련하며,

감춰진 비법을 시험하려 하니, 뱃속의 우레가 갑자기 울어대도다.

네가 아니면 삼팽(三澎)의 기생충을 누가 정복하랴.[27]

그 공이 넷째이다.

21) 天台山은 절강성의 천태현에 있고 신선이 산다고 알려져 있다. 많은 사찰이 있으며 불교 천태종의 본거지이다.
　　幽人은 세상을 피해 은둔하여 사는 사람.
22) 靑城山 : 사천성 成都의 서북쪽에 있는 산으로 도교의 16동천 중의 하나이고, '五斗米道'로 유명한 최초의 도사 장릉(張陵, ?~156)의 성지이다.　羽客(우객) : 羽化登仙한다는 仙人을 말함.
23) 도교의 수련법의 하나로 묵은 기운을 입으로 내뿜고 새 기운을 코로 들이마시어 신선되기를 배우는 술법이다.
24) 鍊 : 몸이나 정신 등을 단련하다. 다듬다.
25) 囊中 : 비법을 주머니에 감춰두었다는 의미에서 쓴 말이다.
26) 三彭(삼팽) : 도교에서 三尸의 성씨(姓氏)가 彭이므로 '삼팽'이라고 한다. 三尸는 몸 안에 있다는 세 마리의 벌레인데, 이것이 경신날 밤에 나와서 그 사람의 잘못을 몰래 天帝에게 알린다는 속설이 있었다. 고(蠱)는 벌레, 혹은 독으로, 여기서는 사람의 몸에 있으면서 병들게 하는 충(蟲)을 가리킨다.
27) 차를 마시면 회충의 활동을 막는다고도 한다.

□ 네 번째 공은, 은자와 신선이 몸을 단련할 때 뱃속을 편안하게 한다는 것이다.

次則,
金谷罷宴[28] 兎園回轍,[29]
宿醉未醒　肝肺若裂,
靡爾也　五夜之酲誰輟。[30]
〔自註　唐人以茶爲輟醒使君〕[31]
其功五也。

— 뒷장에 이어짐 —

차즉,
금곡파연　토원회철,
숙취미성　간폐약렬,
미이야　오야지정수철。
[자주　당인이다위철정사군]
기공오야。

제7장 차의 오공(五功) 육덕(六德) 135

다음인즉,
금곡원(金谷園)에서 잔치가 파했고,
토원(兎園)에서는 수레를 돌렸는데,
숙취가 깨지 않아 간과 허파가 찢어지는 듯 할 때,
네가 아니면 오경(五更)의 술기운을 누가 가시게 하랴.
〔내가 주를 달면, 당나라 사람은 차를 숙취 깨우는 사신이라 했다.〕
그 공이 다섯째이다.

28) 晉나라 때 석숭(石崇)이 만든 하남성의 별장 이름이 金谷園.
29) 兎園(토원) : 漢나라 때 梁의 孝王이 놀기 위해 만든 하남성의 큰 園 이름으로, '梁苑'이라고도 일컬었다. 여기서는 비유이다.
   輟(철) : 그치다. 조금 부서진 수레를 다시 고치는 것.
30) 醒(정) : 숙취 정.
   五夜 : 五更을 말하며, 여기서는 새벽 4시 전후를 뜻한다.
31) 이목 자신이 주를 단 내용이다. 육우『다경』제7장 (3)항에는 "其飮醒酒, 令人不眠"이라고 한 내용이 있다.『동다송』제4절에도 '解醒'이 나오고 원주에는『廣雅』의 '醒酒'가 나온다.
   以 A 爲 B : A를 B로 여기다.
   輟醒(철정)은 '醒(술 깰 성)酒'와 같은 말로 술이 깸을 뜻한다.
   使君(사군) : 사신. 칙사.

□ 다섯 번째 공은, 차가 숙취를 다스린다는 것이다. 여기서 한재는 유일하게 술과 관련된 협주를 달아서 그 내용을 강조하고자 했다. 한재도 이색과 마찬가지로 술을 마신 후에 차도 마셨음을 알 수 있다.

吾然後知　茶之又有六德也。
使人壽修$^{31)}$　有帝堯大舜$^{32)}$之德焉。
使人病已　有兪附扁鵲$^{33)}$之德焉。
使人氣淸　有伯夷楊震$^{34)}$之德焉。
使人心逸　有二老$^{35)}$四皓$^{36)}$之德焉。

― 뒷장에 이어짐 ―

오연후지　다지우유육덕야。
사인수수　유제요대순지덕언。
사인병이　유유부편작지덕언。
사인기청　유백이양진지덕언。
사인심일　유이로사호지덕언。

제7장 차의 오공(五功) 육덕(六德) 137

나는 그 뒤에 알았으니, 차에 또 여섯 가지 덕이 있도다.

사람의 수명을 닦아 늘이니, 요임금과 순임금의 덕을 지녔다오.

사람의 병을 그치게 하니, 유부(兪附)와 편작(扁鵲)의 덕을 지녔다네.

사람의 기(氣)를 맑게 하니, 백이(伯夷)와 양진(楊震)의 덕이 있다오.

사람의 마음을 안일하게 하니, 이로(二老)와 사호(四皓)의 덕이 있다네.

31) 修는 '닦다, 다스리다, 길다, 뛰어나다.'의 뜻이 있다. 여기서는 목적보어로 쓰였다.
32) 帝堯(제요) : 요임금. 순임금과 함께 이상적 제왕으로 인식되었고, 요는 순에게 '允執厥中'을 전했다.
    大舜(대순) : 성이 虞인 虞舜. 堯는 28년간 시험기간을 거쳐 두 딸을 순에게 주어 왕위 잇게 함. 순은 오륜(五倫)의 원형을 창제.
33) 兪附(유부)는 黃帝시대 名醫, 扁鵲(편작)은 전국시대(周)의 名醫.
34) 楊震(양진) : 중국 후한 때의 학자(?~124). 東漢사람으로 박학과 청렴으로 유명하며 '關西의 공자'라고 일컬어졌다. 그는 성정이 충직하여 태위(太衛)로 있을 때 불의를 탄핵하여 간하다가 참소당하여 관직이 파면되고 스스로 독을 마시고 죽었음.
35) 二老 : 맹자가 의지하겠다는 伯夷와 太公을 말함.
36) 四皓 : '商山四皓'의 준말. 흴 호('호호백발'). 중국 전한의 高祖 때 商山(陝西省 商縣 동쪽에 있는 산)에 은거했던 동원공(東園公) 당병(唐秉), 기리계(綺里季) 주휘(朱暉), 하황공(夏黃公) 최곽(崔廓), 녹리(甪里) 주술(周術)의 네 사람을 말하는데, 수염과 눈썹이 하얀 은사들이 산속에서 바둑을 두는 조선시대의 상산사호도가 흔히 남아 있다. (이 책 p248『한국차문화』도33)

使人仙　有黃帝$^{38)}$老子$^{39)}$之德焉。
使人禮　有姬公$^{40)}$仲尼$^{41)}$之德焉。

사인선　유황제로자지덕언。
사인례　유희공중니지덕언。

사람을 신선으로 만드니, 황제(黃帝)와 노자(老子)의 덕이 있도다.

사람을 예의롭게 하니, 주공과 공자의 덕을 지녔다오.

38) 黃帝 : 중국 전설상의 三皇 또는 五帝의 한 사람으로 곡물 재배, 문자, 음악, 도량형 등을 정했다고 전함.
39) 老子 : 춘추시대의 철학자로서, 『도덕경』을 남긴 도가의 시조이다. 성은 老이며 이름은 담(聃)이다.(노사광『중국철학사』)
40) 姬公(희공) : 주문왕(周文王)의 아들이고 武王의 아우인 周公(周公旦)을 가리킴. '姬'는 주나라의 國姓이며 원문의 유사 글자를 바로 잡았다. 武王을 도와 周 초기의 武文과 예악제도의 기초를 세웠고, 그의 정치와 사상의 핵심은 '敬天保民'이다.
41) 仲尼는 춘추시대의 철학자인 孔子(552~479 B.C.)의 字. 은(殷)의 후예이고 노나라에서 태어났으며 이름은 구(丘)이다. 공자의 언행을 기록한『論語』가 있으며 그의 사상은 仁·義·禮로 집약된다. 고래의 사상을 집대성하여 유교의 비조가 됨.

[제7장 해설]

제7장의 오공(五功) 내용은 자신의 체험으로 쉽게 드러나는 직접적 공효를 썼고, 육덕(六德)은 오랜 음다생활로 인해 사람의 '心性'을 변화시켜 얻는 간접적 이로움을 썼다.

오공은 ① 공부할 때 갈증 해소 ② 글을 지을 때 울증 풀어줌 ③ 접빈다례 ④ 뱃속을 편하게 함 ⑤ 숙취 해소이다.

육덕은 ① 수명을 늘임 ② 병을 낫게 함 ③ 기를 맑게 함 ④ 마음을 안일하게 함 ⑤ 신선되게 함 ⑥ 예를 지니게 함이다. 한재는 육덕을 말하기 위해 자신이 존경하는 인물들인 요·순, 유부·편작, 백이·양진, 이로·사호, 황제·노자, 주공·공자를 열거하였다.

제8장 음다생활의 은총

斯乃,[1]
玉川之所嘗贊[2] 陸子之所嘗樂。[3]
聖兪以之了生[4] 曺鄴以之忘歸。[5]
一村春光　靜樂天之心機,[6]
十年秋月　却東坡之睡神。[7]

― 뒷장에 이어짐 ―

사내,
옥천지소상찬　육자지소상락。
성유이지료생　조업이지망귀。
일촌춘광　정락천지심기,
십년추월　각동파지수신。

이는,

노동이 일찍이 시로써 밝힌 바요 육우가 일찍이 즐긴 바라네.

매요신(梅堯臣)은 그로써 인생을 깨달았고, 조업(曺鄴)은 그로써 돌아갈 줄을 잊었도다.

한 마을에 봄빛 들듯이, 백거이 심기를 고요하게 했으며, 십년간 가을달이 밝듯이, 소동파는 잠귀신을 물리쳤다네.

1) 斯(사)는 앞의 글인 茶의 공덕 전반을 뜻한다.
2) 唐나라 때의 시인 盧仝(795?~835)의 호를 玉川子라 했다.
   所는 '~하는 바'의 의존명사이다. 贊 : 도우다. 밝히다. 기리다.
3) 陸子 : 『茶經』의 저자인 陸羽를 가리킴.
4) 聖兪 : 중국 북송 때의 시인 梅堯臣(1002~1066). 聖兪는 字이고 35여 편의 茶詩가 전한다.(차문화연구지 5-57) 저서에 『원릉집(宛陵集)』이 있다. 之는 是의 뜻으로 쓰여, 茶를 뜻한다.
5) 曺鄴(조업) : 중국 唐나라 때의 문신으로, 그의 차 관련 시문으로 「故人寄茶」와 「梅妃傳」이 있다.
6) 樂天 : 중국 唐나라의 시인인 白樂天(772~846)을 가리킴. 이름은 居易, 자는 낙천, 호는 香山居士. 茶詩文이 16편 전한다.
   心機는 마음의 기능(작용) 또는 기틀.
7) 却(각) : 물리칠 각, 물러가게 하다.
   東坡는 北宋의 이름난 文人인 蘇軾(1037~1101)을 말하며 48편의 차시가 전한다. 睡神은 '睡魔'와 같은 말.

□ 중국의 이름난 다가로 盧仝·陸羽·梅堯臣·曺鄴·白居易·蘇東坡를 언급하고, 그들이 음다로 인해 風月을 즐기면서 시 짓고 글 쓰며, 삶을 깨닫고 돌아가기를 잊고, 봄날의 고요한 심기를 지니며, 밤을 지새우는 것을 예로 들었다.

掃除五害[8] 凌厲八眞。[9]
此造物者之盖有幸,[10]
而吾與古人[11]之所共適者也。[12]

― 뒷장에 이어짐 ―

소제오해 능(릉)려팔진。
차조물자지개유행,
이오여고인지소공적자야。

제8장 음다생활의 은총 143

오해(五害)를 없애고, 팔진을 용감히 넘어선다네.
이는 조물주의 은덕이니 다행한 일이고,
또한 나와 옛 사람이 뜻을 같이 하는 바라네.

8) 五害(오해) : 흉년이 들었을 때의 다섯 가지 자연 재해. 水害·조해(旱害)·풍무해(風霧害, 바람과 이슬의 해)·박상해(雹霜害, 우박이나 서리의 해)·여해(厲害)를 가리킴. 이 글에서는 자연의 재해를 인간의 지혜로 극복함을 뜻한다.
9) 凌厲(능려) : 용감히 분기하여 나아가는 모양.
凌(릉)은 '능가하다, 업신여기다'의 뜻이다. 厲는 갈다. 떨치다. 이 글의 '八眞'은 전후의 내용으로 볼 때, '8가지 眞(천성)'의 뜻으로 쓰여, 사주(四柱)의 간지(干支, 天干과 地支)에 의한 '八字(한평생의 운수)'를 뜻한다. 한재가 쓴 「治亂興亡策」을 보면, 나라의 흥망도 왕께서 人事인 덕을 성실히 닦으면 천수(天數)를 이길 수 있다고 한 내용(『한재문집』 p.122)과 통한다. 또한 이를 '八卦'로 볼 수도 있으나 이는 앞의 '五害'와 겹쳐져 맞지 않는다. 그리고 八眞을 불교와 연관시킴은 한재의 글이나 사상과 전혀 맞지 않는다.
10) 造物者는 造物主. 盖(개) : 蓋의 俗字. 幸 : 다행하다는 뜻.
11) 古人은 차로써 자신을 다스리고 깨달은 사람들을 뜻한다.
12) 適 : 가다, 마음에 맞음의 뜻.
者는 어세를 강하게 하기 위해 쓰는 어조사이다.

□ 위 내용은 한재와 옛 다인이 음다생활을 통하여 자연을 이기고 운명을 극복하는 은총을 얻을 수 있음을 나타낸 것이다. 그리고 이는 다행히 조물주 또는 하늘도 인정하는 진리로서, 하늘의 뜻도 사람에 의해 실현된다는 춘추시대의 인문사상과 『역경』의 핵심 내용을 표현한 것이다.

豈可
與儀狄之狂藥[13]裂腑爛腸,[14]
使天下之人德損而命促者,[15]
同日語哉。[16]

기가
여의적지광약열부란장,
사천하지인덕손이명촉자,
동일어재。

제8장 음다생활의 은총 145

어찌하여 의적(儀狄)의 미치게 하는 술로써
오장육부를 찢고 창자를 문드러지게 하며,
천하의 사람들이 덕을 잃고 수명을 재촉하는 자 되게 하는데,
나날이 마시는 차와 술이 같다고 말하겠는가?

13) 豈可(기가) : 어찌 가히 ~ 하겠는가. 그런 일을 해서는 안 된다는 금지의 뜻이다.
　與 : '써, 더불어'의 뜻이다.
　儀狄(의적) : 중국 夏나라 때의 사람으로, 술을 만들어 禹 임금에게 올렸던 고사가 있어 양주(釀酒)의 시조로 불린다.
　狂藥(광약) : 미치게 하는 약. 술.
14) 腑(부) : 오장육부, 장부(臟腑).
　爛(란) : 문드러지다.
15) 者는 어조사이다.
16) 이 글의 同은 語의 목적어인데, 도치된 것이다.
　日은 '해, 낮, 나날'의 의미로 쓰인다.
　哉는 豈와 더불어 반어사로 썼다.

〔 제8장의 내용 〕
　이름난 다가들과 마찬가지로 한재는 차생활로 인한 또 다른 은총이 있음을 썼다. 즉, 시 짓고 인생을 깨달으며, 안일하거나 심기의 고요함을 누리고 잠을 쫓으며, 오해팔진을 넘어서고 술보다 훨씬 훌륭한 일상의 기호음료라는 것이다. 한재는 술도 마셨으나 건강을 해치고 실덕하기 쉬운 술을 차와 대등하게 여길 수 없음을 후손과 후학들에게 가르치고 있다.

제9장 다도지심(茶道之心)

喜而歌曰。

我生世兮　風波惡。
如[1]志乎養生　捨汝而何求。[2]
我携爾飮[3]　爾從我遊,
花朝月暮　樂且無斁。[4]

— 뒷장에 이어짐 —

희이가왈。

아생세혜　풍파악。
여지호양생　사여이하구。
아휴이음　이종아유,
화조월모　요차무역。

기뻐하며 노래한다네.

"내가 세상에 태어나서, 풍파가 모질구나.
양생에 뜻을 두면,[5] 너를 버리고 무엇을 구하리?
나는 너를 지니고 다니며 마시고
너는 나를 따라 노니나니,[6]
꽃피는 아침 달뜨는 저녁
즐겁기만 하고 싫지가 않네."

1) 如 : '같다'는 뜻 외에. ① 만약(≒若) ② 마땅히 ~하여야 한다(≒當)   ③ 접속사(그리하여, 그러나, 곧)   乎≒於.
2) 捨(사) : 버릴 사.(용례 : 取捨選擇)
   汝(너 여) = 予 = 爾.
3) 이목은 차가 자신을 따라 논다고 하였는데, 차와 본인이 하나 된 경지이다.
4) 樂은 뒤에 나오는 斁(싫어할 역)의 반대 의미이므로, '즐길 락'이 아니라 '좋아할 요'로 읽어야 한다.
5) 양생은 본래 '신체와 정신의 건강함'이라는 의미이나, 이 글에서는 바깥(신체)을 다스리는 것을 뜻한다.
6) 차(茶)가 나하고 논다고 하는 인식은, 茶를 수단으로 보지 않고 덕성을 지닌 사람으로 동격화한 것이며 물아일체(物我一體)의 경지임을 뜻한다. 이 글의 '遊'와 '樂(요)'는 맨 뒤의 신명 나서 얻는 고상한 '道樂'과는 다르다.
   오늘날의 음다생활에서도 차가 나를 데리고 논다고 한번쯤은 생각해볼 일이다.

傍有天君[7] 懼然戒曰,
生者死之本[8] 死者生之根。

— 뒷장에 이어짐 —

방유천군　구연계왈,
생자사지본　사자생지근。

곁에 천군(天君, 마음)이 계시어, 두려워 삼가며 말한다네.[9)]

"삶(生)은 죽음(死)의 나무줄기(本)요, 죽음은 삶의 뿌리이다."

7) 天君은 '心' 또는 '진리의 心'으로 해석된다.
8) 本은 '뿌리, 줄기, 근원, 바탕'의 뜻이 있으나, 뒷 구의 根과 구별되어야 하므로 같은 계통의 의미인 줄기라 하였다. 인간의 生은 선대의 조상이라는 뿌리에서 줄기와 잎이 나온 것이라는 인식은 유가사상이다. 따라서 한재 자신도 죽으면 뿌리가 되고 후손은 줄기와 잎이 된다는 암시가 있다.
9) 이 내용은 노래하고 양생만을 생각하며 놀다가, 경계심이 생겨 자성(自省)하는 한재의 목소리이다.

□ 여기에는 한재가 다석(茶席)에서 깨달은 독창적 生死如一 사상이 자리 잡고 있다. 그는 사람을 나무에 비유하여, 나무의 드러난 부분인 줄기의 열매와 잎은 살아 있는 인간의 '삶'에 해당되고, 땅 속에 묻힌 뿌리는 돌아가신 조상이라고 본 것인데, 이는 현대과학으로도 틀리다고 말할 수 없다. 이러한 인식이 '用'으로 나타난 것이 제의(祭儀)이다. 다시 말해 삶과 죽음은 그 경계가 겉으로 단절되었으나, 실제로는 연결되어 있다고 본 것이다. 현대과학으로도 우리의 몸(心身)은 부모와 조상의 몸으로 구성되어 있음이 틀림없다. 따라서 후손을 둠이 자연스러우며, 그로써 죽음이 두렵지 않을 수 있다. 또한 죽음의 뿌리가 있기에 삶의 잎과 열매가 더욱 빛날 수 있다. 이러한 사상을 현대에 새기면 인류 사랑의 해답이 될 수 있을 것이다.

單治內而外凋¹⁰⁾
嵇著論而蹈艱。¹¹⁾
曷若
泛虛舟於智水¹²⁾
樹嘉穀於仁山。¹³⁾

— 뒷장에 이어짐 —

단치내이외조
혜저론이도간。
갈약
범허주어지수
수가곡어인산。

오직 안(心)만을 다스리면 밖(몸)은 시들기에,
혜강은 양생론을 지어 어려운 실천을 하고자 했다네.
어찌 지자(智者)가 물에 빈 배를 띄우고
인자(仁者)가 산에 오곡을 심는 것과 같겠는가?[14]

10) 單 : 오직 단.
 凋(조) : 시들다. 쇠하다. 슬퍼하다.
 內는 마음이고 外는 몸이다. 而는 'but'(그러나, 그렇다면)의 뜻.
11) 嵇(혜)는 서문에서 언급된 嵇康(혜강)이며 한때 노장을 숭상하여 정신보다 몸(身)을 중시하였다.
 蹈(도) : 밟다. 춤추다. 실천하다.
 艱(간) : 어려울 간.
12) 曷若 : '어찌~하냐'의 뜻으로 뒷 구절까지 합해 해석해야 함.
 智 : 知(알다, 깨닫다)와 同字. 智水는 智者의 水를 뜻한다.
13) 樹는 댓구를 이루는 泛과 같이 동사로 쓰여 '심다'의 뜻이다.
 嘉穀(가곡) : 좋은 곡식 또는 오곡.
 仁山은 仁者의 山을 뜻한다.
14) 智者와 仁者가 요산요수(樂山樂水)로써 즐기며 정동(靜動)하고 사는 것이, 신체만을 위해 단약을 먹는 일보다 낫다는 뜻이다. 『논어(論語)』「옹야(雍也)」에 '智者樂水 仁者樂山 (인자는 산을 좋아하고 지자는 물을 좋아함)'이 있고, 이를 '仁山智水'라고도 한다.

□ 이 글은 앞글의 '生'과 연관된다. 한재 자신은 양생만을 중시하기보다, 산과 물에서 수양하고 밭갈이를 하여 마음과 몸을 함께 다스리는 인자와 지자가 되겠다는 뜻이다. 이를 위해 차의 5공6덕을 새기고 은총 받는 음다생활을 하라는 교육적 의미가 있다.

神動氣而入妙[15]
樂不圖而自至。[16]
是亦吾心之茶[17]
又何必求乎彼也。[18]

신동기이입묘
낙부도이자지。
시역오심지다
우하필구호피야。

신명(神明)이 기(氣)를 움직여 묘경에 드니,
즐거움을 도모하지 않아도 절로 이른다네.
이것이 또한 내 마음에 있는 차(茶)이니,
또 어찌 다른 데서 구하겠는가?

15) 神은 神明이며, 動은 타동사(움직이다)이다. 차를 마신 후에 신기(神氣)가 일어남을 뜻한다. 妙는 묘경(妙境), 즉 김정희가 쓴 '妙用時水流花開'의 경지이고 '道의 用'이다. 이 구절은 『허실생백부』 제4장에도 나온다.
16) 圖는 '도모하다'의 뜻. '樂不圖'는 도치법을 썼다. 이때 '樂之不圖'가 보통이다. 차를 마신 뒤와 같은 즐거움이 온다는 뜻.
17) 是 : 茶道境. '吾心之茶'는, 茶가 자신의 道心으로 자리 잡았음을 표현한 것이다. 즉, 茶는 道임을 뜻한다.
18) 彼(저것)는 사람·장소·사물을 지시하는 대명사로서 茶에 대비되는 것으로 보아야 한다. 이는 도경에 이르게 하는 다른 공부 수단을 뜻한다. 제목이 '차노래'이고 앞의 글 모두가 차를 찬양하는데 결론에서 실질적 茶를 배제함은 잘못이다. 또한 又는 '또, 다시, 그 위에'의 뜻이 있고, 必은 '반드시, 오로지'이므로 '又何必求'는 "그 위에 어찌 반드시 구하겠는가."로 해석해야 한다. 의역하면 차 아닌 다른 데서 도락(道樂)을 찾지 않아도 된다는 뜻이다. 즉, 차를 마시어 '吾心'의 변치 않는 '道'를 얻었으므로 다른 일로 구도(求道)하지 않아도 된다는 의미이다. 何必을 오늘날의 언어인 "하필 ~ 하는가"의 뜻으로 해석하면 오류이다.

□ 위 문장은, 진지하게 茶를 마시다 보니 저절로 신명이 일어나고 도락(道樂)하게 되었으며, 心에 '道인 茶', '茶인 道'가 자리 잡았음을 뜻한다.

〔 제9장 해설 〕

　마지막 장 「茶道之心」 106자는 총체적 결론에 해당된다. 이 내용은 '차와 더불어 노는 즐거움', '생사여일(生死如一)의 확신', '山과 水에서 心을 수양함', '도락(道樂)', 그리고 '오심(吾心)의 다도(茶道)'로 압축된다.

　양생론에서는 생사(生死)의 구분이 분명하지만, 한재는 사람과 식물이 '心'과 '神'의 전달을 통해 몸이 이어지므로 생사가 단절되지 않는다고 보았다.

　한재의 이 글 마지막 '吾心之茶'는 상상의 차 한 잔이 아니라, '나의 道心인 茶'를 뜻한다. 즉, '茶에서 얻은 至道'가 내 마음에 다도(茶道)로 자리 잡았음을 말한다.

　이목에게 차(茶)는 수양하며 구도(求道)하는 매개체인 동시에, 지행합일(知行合一)하는 확고한 '心之道'였다.

제 3 부

『허실생백부(虛室生白賦)』 역해

- ■ 『허실생백부(虛室生白賦)』 해제 · 157
- 제1장 『허실생백부(虛室生白賦)』의 서언 · 162
- 제2장 허령(虛靈)의 시공(時空) · 168
- 제3장 심체(心體)의 생백(生白) · 176
- 제4장 현인(賢人)들과 한재의 궁행(躬行) · 184
- 제5장 심중(心中)의 잠언(箴言) · 196

■ 김유성(金有聲)의 설경 산수도 (국립중앙박물관 소재)

■ 『허실생백부(虛室生白賦)』 해제

  한재 이목(李穆, 1471~1498)이 지은 『허실생백부』는 『한재집』 「다부」의 바로 앞에 있다.
  '虛室生白'은 『장자(莊子)』에 나오는 글로서, "저 빈 곳을 보아라. 빈방이 밝아지니 길상이 고요한 곳에 머문다.(瞻彼闋者. 虛室生白 吉祥止止.)"에서 나온 말이다. '虛室'은 굳이 빈방에 한정되기보다 '비어 있는 곳'이라는 좀 더 넓은 의미가 적합하며, '生白'의 '白'도 바닥에 한정되지 않고 공간이 환하고 밝다는 의미이다.
  이러한 장자의 '허실생백'은 맹자(孟子)의 '호연(浩然)'이나 주자(朱子)의 '허령불매(虛靈不昧)'와 상통하는 진리임을 한재는 강조하였다.
  그 내용의 대강을 보면, 서언, 허령(虛靈)의 시공(時空), 심체(心體)의 생백(生白), 현인(賢人)들과 한재의 궁행(躬行), 심중(心中)의 잠언(箴言)이 있다.
  '虛室生白'은 인간의 마음(心)과 하늘(天)의 도심(道心)을 전제로 하여, 사람의 심체(心體)도 텅 빈 공간과 같이 비워서 잡념이 없고 고요해지면, '天'의 본심을 깨닫게 되고 밝은 빛과 같은 진리를 얻을 수 있음을 말하고 있다. 한재는 이를 상당히 구체적이고 설득력이 있게 쓰고자 노력하였다.
  그는 노장학을 통해 유가의 '명덕(明德)'을 얻는 구체적 방법을 기록한 것이다. 즉, 허실의 마음자리가 하늘 공간으로 확대하여 천리를 인식하고, 밝아진 심체의 덕을 세상에 펼칠 수 있다는 것이다.

마음이 허실이 되면 자연히 밝아져, 하늘과 인간이 지닌 본래의 참된 도(道)가 터득된다는 '虛室生白'은, 유가와 도가의 공통적 공부 목표이며 '風流道'의 기초가 된다. 요지는 오늘날의 '마음 비우기'이다. 근심을 없애고 잡념을 버리어 '神'을 '淸'하게 하는 데는 다음(茶飮)을 따를 것이 없음은, 『다부』뿐만 아니라 7세기의 설총 시대부터 줄곧 간파되어온 바이다.

『허실생백부』와 『다부』는 서로 상통하며 보완적 성격을 띠고 있다.

두 군데에서 공통적으로 나오는 단어를 보면, '부운(浮雲)', '호연지기(浩然之氣)', '소보와 허유'의 청덕(淸德), 무욕의 상징인 '거저(籧篨, 거적)', 마음을 뜻하는 '天君', 하늘의 '창합(閶闔, 궁궐 대문)'이 있다. 또한 『다부』의 제9장에 있는 도경(道境)을 나타낸 "神動氣而入妙"의 구절은 『허실생백부』 제3장에 있고, 청신(淸神)이 극치에 이르러 하늘의 '상제를 만난 것과 같다'는 내용도 동일하다. 그리고 '천인무간(天人無間)'을 강조하였으며, '찻자리의 고요함'이 바로 '허실'을 만드는 자리임도 은유적 글로 나타내었다. 그리고 두 군데 다 등장하는 인물은, 요·순, 공자·맹자, 백이·숙제, 한유·소보가 있다. 이러한 사실들과 내용을 면밀히 보면, 『허실생백부』는 『다부』 이전에 쓰인 글임을 추정할 수 있다.

한재가 『허실생백부』를 쓴 의도를 보면, 서언에서 '心體之本明者(심체는 본래 밝은 것)'이니 매우 중요하다고 말하고, "이에 부를 지어, 사소한 것으로 말미암아 큰 것에 미치고 드러난 것을 근거로 하여 은미함을 깨우치고, 스스로 반성하고자 한다."라 하였다. 여기에서 '자성(自省)'이라 한 부분은 학인의 수렴 자세를 쓴 것이다. 그런데 내면의 실질적 의도는 위정자들을 깨우치게 함에

목적이 있었다. 이는 한재가 「천도책」 마지막에서,

> 그러므로 말하기를 '숨긴 것보다 더 잘 보이는 것이 없고, 작은 것보다 더욱 잘 나타남이 없다.'고 하였으니, 사람의 윗자리에 있는 사람이 이 말을 얻어서 구한다면, 하늘과 사람의 만남이 거의 가까워질 것이다.
> ― 故曰 莫見乎隱 莫顯於微, 爲人上者 得此說 面求之, 則 天人之際 亦庶幾焉. ―

라고 한 데서 확인된다.

이 글에서도 당시에 겉과 속이 다른 위선적 양반들을 보고 경계하며 안타까워했다. 그가 '白' 뿐 아니라 '明'과 '天' 자를 많이 쓴 이유도, 행동이나 말과 생각이 다른 유자(儒者)들을 향하여, 하늘의 본심인 밝은 양심(良心)을 찾아 흐린 구름을 걷고 깨달으며 실천하라는 뜻이다. 그러한 공부는 구체적인 '허실'에서 쉽게 터득할 수 있음을 강조하였다.

마음이 빈다는 허실 상태는, 장자가 말한바 '마음 재계'이고 '도(道)가 모이는 곳'이며, 맹자의 '호연한 마음상태'이다. 한재는 유학자와 노장학자들의 공리공론이나 고집을 넘어서서 진정한 소통을 꾀함으로써, 이색이 말한 '지도(至道)'를 얻고 유가의 이상인 참된 군자정치가 행해지게 하고자 희구하였다.

한재는 노장학에도 심취하였는데 이는 조선 초기 유학의 갈래인 청담학파의 영향을 받았다. 그는 김종직의 제자인 홍유손(洪裕孫)·남효온(南孝溫)과 친밀하였고, 그들은 '죽림칠현(竹林七賢)'으로 자처하며 노장학을 토론하니 세간에서 청담파로 불렀다.

한재는 『허실생백부』도 후학의 교육에 역점을 두었다. 전체 내용뿐 아니라 그의 마지막 잠언 10구절이 특히 그러하다.

그가 참고한 글은 『장자』, 『노자』, 『대학』, 『맹자』가 있고, 장형의 「사현부」, 양웅의 「태현」 등이 있다.

'虛室生白'을 줄이면 '虛白'이다. 찻자리의 '허백(虛白)'은 다가 이원(李原, 1368~1430)이 이미 언급하여, "서로 만나 차 마시며 돌아갈 것을 잊었고, 십홀의 선방은 허실생백 가득하네.(喫茶相對頓忘歸, 十笏禪房抱虛白.)"라 하였다.

한재시대와 그 이후에 '허실생백'의 단어는 유행을 탄 것 같다. 홍귀달(洪貴達, 1438~1504)은 호를 '허백정(虛白亭)'이라 했고, 김종직의 제자인 추강 남효온(1454~1492)은 「은솥에 차를 끓임(銀鐺煮茗)」에서, "온갖 걱정에 점차 심재하게 되니 허실이 밝아지고, 긴긴날 책상 앞에 앉아 보고 듣지 않네.(百慮漸齋虛室明, 日長烏几收視聽.)"라 썼다. 사명 유정의 제자 명조(明照)도 호를 '허백(虛白)'이라 하였다.

이 글 본문은 두 개의 구절이 짝하여 하나의 내용을 이루며, 서언과 결론을 뺀 내용 전부가 앞 구절에 어조사 '兮(~음이여, ~하니)'를 써서, 어세를 고른 후 음조가 다시 올라가는 형식이고, 평측과 운율에 유의하여 썼으므로 노래하기에 좋다. 2장부터 3장은 '兮'를 제외하면 전부 여섯 자로 이루어졌고, 4장은 7자를 쓰다가 마지막 5장의 잠언은 전부 7언에 '兮'를 써서, 겸손을 나타내는 가락풍으로 정돈하였다.

'허실'의 마음공부는 현대의 우리에게 더욱 긴요하므로, 이 글은 명상이나 정좌 공부를 할 때 교재로 적합할 것으로 생각된다.

『허실생백부(虛室生白賦)』 해제   161

■ 조희룡(趙熙龍)의 매화서옥도 (간송미술관 소재)

제1장 『허실생백부(虛室生白賦)』의 서언

— 虛室生白賦 幷序 —

儒必斥莊子[1] 爲其說之怪也。
或有不怪者, 則聖賢必不棄矣。
況如吾者乎。
其人間世篇[2] 虛室生白之說,[3] 不怪矣。

— 뒷장에 이어짐 —

— 허실생백부 병서 —

유필척장자 위기설지괴야。
혹유불괴자, 즉성현필불기의。
황여오자호。
기인간세편 허실생백지설, 불괴의。

유가(儒家)에서 장자(莊子)를 반드시 배척하는 것은 그 설(說)의 괴이함 때문이다.
　혹 괴이하지 않은 것이 있으면, 성현은 기필코 버리지 않으셨다.
　하물며 나 같은 사람이랴? [4)]
　인간세편에 있는 허실생백의 설은 괴이하지 않다.

1) 莊子 : 전국시대의 사상가(약 355~275 B.C.)로, 맹자와 동시대 인물이고 이름은 莊周이다. '莊子'는 그의 저서를 이르기도 한다. 일생을 청빈하게 산 그는 老子의 무위자연철학을 발전시켜 개인 주체의 安心立命을 중시하였다. '南華眞人'이라는 호를 얻었으므로 책을 『南華』, 『南華經』, 또는 『南華眞經』이라고도 한다. 조선시대의 『장자』에 대한 가장 이른 서적은 최립(崔岦, 1539~1594~?)의 『莊子口義』가 있고, 박세당(朴世堂, 1629~1703)의 『남화경』은 후대에 많이 읽히었다.
2) 人間世篇 : 『莊子』「內篇」의 네 번째 편명(篇名)으로 처세훈임.
3) 虛室生白之說 : 『장자』의 「人間世篇」에 있는 내용은 다음과 같다. 공자를 빌어 안회에게 한 말 중에 "瞻彼闋者. 虛室生白 吉祥止止. 夫且不止 是之謂坐馳."가 있다. 그 뜻은, "저 빈 곳을 보아라. 빈방이 밝아지니 길상이 고요한 곳에 머문다. 또한 (길상이) 머물지 않는 것은 이를 일컬어, 몸이 가만 앉아 있어도 마음은 이리저리 치닫는다는 것이다."이다. 즉, "방이 비어야 밝은 빛이 들 수 있다."는 뜻이다. 장자는 당시 200년 전 인물인 공자를 빌려와 자신의 견해를 나타내었다.
4) 성현도 아닌 나(한재)는 당연히 장자의 설에서 배울 바를 취한다는 뜻이다.

要其歸　則猶孟子之言浩然[5]　朱子之言虛靈不昧[6]
也。客有詰余者　旣以此答且。
　自解曰, 夫虛室則能白　白者虛之所爲也。
以之爲形容　心體[7]之本明者, 莫切焉。[8]

― 뒷장에 이어짐 ―

요기귀　즉유맹자지언호연　주자지언허령불매
야。객유힐여자, 기이차답차。
　자해왈, 부허실즉능백, 백자허지소위야。
이지위형용　심체지본명자, 막절언。

그 귀결되는 요지⁹⁾를 보면, 맹자가 말한 '호연(浩然)'이나 주자가 말한 '허령불매(虛靈不昧)'라는 것이다. 나를 힐책하는 객이 있기에 그와 같이¹⁰⁾ 대답하였다.

스스로 해석하기를, "무릇 방이 텅 비면 밝아질 수 있고, 밝다 함은 빈 것이 그렇게 하는 바이다."라고 하겠다. 이를 형용하자면 '마음(心體)의 근본은 밝다.'는 것이니, 이는 매우 중요하다.

---

5) 浩然(호연) : 바르고 강한 원기가 하늘과 땅 사이에 가득 찬 모양. 맹자의 '호연지기'는 그와 같은 도의적 용기.
6) 朱子는 주희(朱熹, 1130~1200)이고 송나라 이학(理學, 宋學, 道學)을 집대성한 성리학자이다. '虛靈不昧'는 "마음이 비어서 고요하여 흔들리지 않으면, 어둡지 않아 신령스럽고 형통하며 모르는 것이 없다."는 뜻이다. '虛靈不昧'는 『대학』의 맨 첫 구절인 "大學之道, 在明明德, 在親民, 在止於至善.(큰 학문의 道는 명덕(明德)을 밝히는 데 있고, 백성을 새롭게 교화하는 데 있으며, 사욕이 없는 至善에 머무르는 데 있다.)"에 대해, 주희가 해석하기를 "明明之也. 明德者 人之所得乎天 <u>而虛靈不昧</u>. 以其衆理 而應萬事者也.(明은 그것을 밝힌다는 것이다. 명덕이란 것은 사람이 하늘에서 얻은 바이고, 허령불매이다. 그로써 중리를 갖추어 만사에 대응하는 것이다.)"라 했다.
7) 心體는 心을 형체처럼 여기어 강조한 명덕을 뜻한다.
8) '莫切(막절)'은 '莫重'과 같이 쓰였다. 莫은 아득히 넓은 모양을 뜻하고, 切은 '중요하다'는 동사이다.
9) '허실생백'의 요지를 뜻한다.
10) 허실생백은 '호연'이고 '허령불매'라는 것.

於是賦之, 由細及大 據顯而喩微,¹¹⁾ 以自省焉。¹²⁾
雖然 莊生¹³⁾非吾徒也, 特取其說而寓言,
豈所謂 惡而知其善¹⁴⁾之類耶。

어시부지, 유세급대 거현이유미, 이자성언。
수연 장생비오도야, 특취기설이우언,
기소위 오이지기선지류야。

이에 부를 지어, 사소한 것으로 말미암아 큰 것에 미치고, 드러난 것을 근거로 하여 은미함을 깨우치며, 스스로 반성하고자 한다.
　비록 그러하나 장자를 따르는 학인은 우리 유가의 무리가 아니지만, 특별히 그 설과 우언(寓言)을 취하는 것은, 어찌 이른바 '미워하지만 그 좋은 점을 아는 것'과 같지 않겠는가?

---

11) '顯'과 '微'는 『중용』 첫머리에 나오는 글로서, 군자가 "계신공구(戒愼恐懼)'하며 '신독(愼獨)'하는 자세에서 "숨긴 것보다 더 잘 보이는 것이 없고, 작은 것보다 더욱 잘 나타남이 없다.(莫見乎隱 莫顯於微.)"라 했다.　喩(유) : 깨우치다, 비유하다.
12) '自省'한다 함은 유가적 수렴(收斂)공부임을 뜻한다.
13) 莊生(장생) : '儒生'과 같이, 生은 學人의 존칭이다.
14) 惡而知其善 : 『대학(大學)』 제8장 修身의 해석에서, "故好而知其惡. 惡而知其美者.(그러므로 좋아하면서도 그 나쁜 점을 알며, 미워하면서도 그 좋은 점을 알아보는 사람은 세상에 드물다.)"고 한 내용이 있다.
　당시에 노장사상을 배척했던 세태를 알 수 있다.

〔 제1장 해설 〕
　『장자』의 「인간세」편에 있는 '허실생백'은, 유가에서 말하는 맹자의 '호연'과 주자의 '허령불매'와 같은 뜻이므로, 매우 중요하다고 했다. 눈으로 쉽게 알 수 있는 공간을 통하여 인식의 천리(天理)를 깨우치고자 하는 의도로서 이글을 썼다.

제2장 허령(虛靈)의 시공(時空)

其詞曰。

悶余生之愚昧兮
索玄妙於虛靈。
迷所止而奚[1)]定兮
靜收視而反[2)]聽。
方群動之潛息兮
兀[3)]隱几猶枯木。

— 뒷장에 이어짐 —

기사왈。

민여생지우매혜
색현묘어허령。
미소지이해정혜
정수시이반청。
방군동지잠식혜
올은궤유고목。

※ 靈과 聽이 靑운(평성)이다.

그 사(詞)는 다음과 같다.

나의 생애가 우매하여 고민하나니,[4)]
허령의 마음에서 현묘함을 찾는다네.
머물러 있음을 모르는데 어찌 정한 바가 있으리오?[5)]
고요히 눈길을 거두고 듣기를 멈춘다네.
바야흐로 뭇 동물의 호흡이 잠잠해져,
은밀히 올올하게 책상에 앉으니 마치 고목과 같구나.

1) 奚(해) : 어찌 ~ 하랴?
2) 反 : 돌이키다, 거스르다.
3) 兀(올) : 꼼짝도 하지 않고 똑바로 앉아 있는 모양. 靜坐나 心齋의 모습을 흔히 '兀兀'로 표현하였다.
4) 자신이 우매하다고 함은, 시속에서의 어리석음이나 고집스러움을 겸손하게 표현한 것이다. 이는 『다부』에서 자신의 풍파가 모질다는 말과 상통한다.
5) 『대학』첫머리에서, (至善에) 머물러 있음을 안 이후에는 定(정해짐)이 있고, 그 후에 靜, 그 후에 安, 그 후에 慮, 그 후에 得(道)할 수 있다고 하였다.("大學之道 在明明德 在親民 在止於至善. 知止而后有定 定而后能靜, 靜而后能安 安而后能慮 慮而后能得.")

□ 여기서는 유가의 정좌(靜坐) 또는 도가의 심재(心齋)의 모습을 나타내었다. 이에 어긋나는 말은, 좌치(坐馳, 몸은 가만히 있지만 마음이 고요히 머물지 않아 이리저리 치닫는 것)이다.

俄疎欞[6]之得月兮
炯[7]吐輝之盈室。
詠平子之思玄[8]兮
誦[9]南華[10]之生白。

— 뒷장에 이어짐 —

아소령지득월혜
형토휘지영실。
영평자지사현혜
송남화지생백。

잠깐 사이에 성긴 창문으로 달이 찾아들어,
환하게 토해내는 빛이 방안에 가득 찼네.
장형의 '사현부(思玄賦)'를 읊조리고,
남화경의 '허실생백(虛室生白)'을 외운다네.

6) 櫺(령)은 櫺과 同字. '격자창, 처마, 추녀'의 뜻.
7) 炯(형) : 밝다, 빛나다.
8) 平子는 東漢시대의 문인이자 천문학자인 장형(張衡, 78-139)을 말하며, 平子는 字이다. 그는 하남성 남양현(南陽縣) 출신으로 지진을 예보하는 후풍의(候風儀)와 지동의(地動儀)를 만들었다. 훌륭한 부를 많이 남겼으며 『張河間集』이 전한다. 그는 유가, 도가, 묵가 등에 빠졌으나 나중에는 다시 유가의 가르침으로 돌아오게 되는데, 한재는 그러한 장형을 좋아했던 것 같다. 그가 쓴 「思玄賦」의 玄은 '玄遠之道'이다.
9) 誦은 '읽다, 외다'의 뜻. 앞의 詠은 '(외워서) 노래한다'의 뜻이므로 誦을 책을 보고 읽지 않는다는 뜻으로 해석하였다.
10) 南華(남화) : 장자(莊子)의 별칭 또는 그의 저서인 『남화경』. 장자의 책을 『南華經』이라 한 것은 唐의 현종 때(742년)에 장자를 높여 南華眞人이라 한 데에서 비롯되었다.

□ 『장자』「인간세」에서 '心齋'를 묻는 안회에게 공자가 답하기를, "너는 뜻을 한결같이 해서 귀로 듣지 말고 마음으로 들어라. 마음으로 듣지 말고 氣로 들어라. 귀는 소리만 들을 뿐이고, 마음은 지각할 뿐이다. 氣는 비워서 사물에 대응하는 것이다. 오직 道는 빈 곳에 응집되니 마음을 비우는 것이 바로 심재이다.(若一志 無聽之以耳, 而聽之以心. 無聽之以心, 而聽之以氣. 聽止於耳 心止於符. 氣也者 虛易待物者也. 唯道集虛 虛者心齋也.)"라 한 내용이 있다.

縱神馬[11]以騁[12]遠兮
吾焉滯乎一畝。[13]
睨九天之閶闔兮[14]
屹崢嶸乎星斗。[15]
洞[16]中門以喩微兮
小有曲則[17]人知。
然不快於觀覽兮
吾將去此而遆[18]之。

— 뒷장에 이어짐 —

종신마이빙원혜
오언체호일무。
아구천지창합혜
흘쟁영호성두。
통중문이유미혜
소유곡즉인지。
연불쾌어관람혜
오장거차이하지。

※ 畝와 斗는 有운(상성), 知와 之는 支운(평성)이다.

생각의 말을 놓아 멀리 달리게 하나니,
내 어찌 좁은 땅에 머물러 있으랴.
천상세계의 문을 바라보자니,
북두와 남두보다 높고 심원하구나.
(하늘의) 중문[19]을 뚫고서 미묘함을 깨우치리니,
조금이라도 삿됨이 있으면 남들이 알리라.
그러나 (하늘을) 바라보는 것이 즐겁지 않으니,[20]
나는 하늘에 가서 멀리 보겠노라.

11) 縱은 '놓아두다'. 神馬는 비상한 준마가 아니라, 의 馬이다.
    神은 정신, 신명 또는 생각을 뜻한다.
12) 騁(빙) : 달리다, 펴다.
13) 畝(무) : 이랑, 사방백보.
14) 睨(아) : 바라보다, 멀리보다.
    閶闔(창합) : 천상세계의 최초의 문. 天宮의 문.
15) 屹 : 산 우뚝할 흘, 의연할 흘. 崢 : 가파를 쟁.
    嶸 : 산 높을 영. 崢嶸은 '높고 험한 모양, 심원함'의 뜻.
16) 洞은 '골 동, 꿰뚫을 통'이다.
17) 曲은 '굽다, 간절하다, 간사하다, 가락'의 뜻이 있다.
    則은 앞 문장에 '若~'이 생략된 경우가 많다. 有는 타동사이다.
18) 遐 : 멀다, 가다, 어찌 하. 이 구절은 7자를 써서 중시하였다.
19) 中門은 天理의 핵심을 파악하고자 한다는 뜻을 우회적으로 표현한 것이다. 한재의 '天'은 흔히 '心'을 뜻하기도 한다.
20) 땅에서 하늘을 쳐다보지 않고 하늘로 올라가서 하늘을 상세히 보겠다는 뜻으로, 心을 적극 궁구하겠다는 뜻의 은유이다.

嵬嵬²¹⁾乎 宇宙之大兮
能博厚而高明。
無雲霓²²⁾之纖礙兮²³⁾
有風月之雙淸。
爰揭揭²⁴⁾予中立兮
紛上下而求索。
何聲臭之靡²⁵⁾接兮
但鳶²⁶⁾魚之飛躍。

외외호 우주지대혜
능박후이고명。
무운예지섬애혜
유풍월지쌍청。
원게게여중립혜
분상하이구색。
하성취지미접혜
단연어지비약。

※ 明과 淸은 庚운(평성)이고 索과 躍은 통운이다.

제2장 허령(虛靈)의 시공(時空)   175

높도다, 우주는 크기도 하고,
넓고도 두터우며 아주 밝구나.
구름과 무지개는 실낱만큼도 가리지 않고,
바람과 달이 모두 맑도다.
이에 내가 높이 솟아올라 가운데 서서,
위아래를 헤매며 구하고 찾도다.
어떠한 소리와 냄새가 흩어져 전해 오리오?
단지 솔개와 물고기가 날고 뛰논다네.

21) 嵬는 산 우뚝할(뾰족할) 외. 嵬嵬는 산이 높은 모양을 말한
    다. 외급(嵬岌)과 같은 말.
22) 霓는 무지개 예.
23) 礙(애) : 가로막다, 거리끼다.
24) 爰(원) : 이에, 성내다, 바꾸다.
    揭揭(게게) : 높이 솟은 모양. 들 게.
25) 靡(미) : 흩어지다, 묶다.
26) 鳶(연) : 종이 연, 매과의 솔개.

〔제2장 해설〕
  마음을 고요히 다스리어 허실을 생각하고 하늘로 올라가 그 속에서 우주, 산, 바람, 달, 솔개, 물고기를 보는 것을 상상하였다. 한재의 글 「용문산 부담암에서 놀며 지은 노래(遊龍門釜潭巖歌)」에서도, 천상세계로 가는 과정과 만남을 묘사하였다.

제3장 심체(心體)의 생백(生白)

茲雖足爲妙觀兮
樂莫大於反身。[1]
天君[2]引余而復初[3]兮
將吾造此經綸。[4]

― 뒷장에 이어짐 ―

자수족위묘관혜
낙막대어반신。
천군인여이복초혜
장오조차경륜。

※ 身과 綸은 眞운(평성)이다.

이에 비록 묘한 구경거리로 만족한다지만,
　　즐거움은 자신에게 돌이킴보다 큰 것이 없다네.
천군이 나를 이끌어 처음의 본성으로 돌아가게 하니,
　　장차 나는 이 경륜에 나아가리라.[5]

1) 反身은 '反求自身'의 뜻이다. 돌이킬 반. 한재는 남의 삶을 아는 것보다는 자신을 살핌이 즐거움이라고 했다.
2) 天君은 '하늘로부터 받은 마음'의 뜻. '天君'은 「다부」맨 뒷절에도 나오는 내용이다.
3) 復初(복초) : 처음의 본성으로 돌아감.
4) 經綸(경륜) : ① 일정한 포부대로 일을 조직적으로 계획함, 또는 그 계획 ② 천하를 다스림. '經綸之事'가 있다.
5) 자신은 천군, 즉 '心'이 가르치는 바를 공부로써 지어 세상에 널리 펼칠 것이라는 의지를 나타내었다.

□ 허실에서 생각(마음)이 하늘의 본성을 따라 생백되어 가는 과정을 썼다. '하늘'을 오늘날의 언어로 이해하자면, 조물주의 세계, 인간의 性으로 태어난 본원적 이치, 우주와 대자연 조화의 근원적 질서라고 볼 수 있겠다.

會神明之主宰兮[6]
潛廣居之昭晣。[7]
門玄牝[8]以出入兮
合自然爲城郭。[9]
曰玆爲吾之虛室兮
中積然而無累。[10]
苟不私於方寸[11]兮
極高明乎天地。

— 뒷장에 이어짐 —

회신명지주재혜
잠광거지소절。
문현빈이출입혜
합자연위성곽。
왈자위오지허실혜
중적연이무루。
구불사어방촌혜
극고명호천지。

※ 晣과 郭은 종성이 같은 통운이고 둘 다 입성이다.

때마침 신명이 주재하시나니,
너르고 환히 밝은 곳에 침잠하도다.
현빈(玄牝)의 문으로 드나듦이여,
자연을 성곽으로 여겨 합치시킨다네.
이것을 나의 허실(虛室)로 삼는다고 말하나니,
그 가운데 쌓여 있어도 허물이 아니구나.[12]
진실로 사사로운 마음이 없음이여,
천지간에 지극히 높고 밝도다.

6) 會는 '마침, 반드시'의 뜻으로도 쓰인다.
 神明의 뜻은, ① 하늘과 땅의 신령 ② 사리에 밝으며 신령스러움이고, 줄여서 神이라고 한다.
7) 潛 : '숨다, 마음이 침착하다, 은밀히'의 뜻.
 廣居(광거) : 너른 집. 孟子의 「滕文公」"居天下之廣居"에서 나온 말이며, 전하여 仁을 일컬음.
 昭晣(소절)은 두 자 모두 '(환히) 밝음'의 뜻. 晣은 晳과 同字.
8) 玄牝(현빈) : 만물을 생성하는 道.『老子』의 '玄牝之門'에서 나온 말로 '玄'은 그 작용이 미묘하고 심오함. '牝'은 암컷이 새끼를 낳듯이 道가 만물을 냄을 뜻한다. 여기서 여성이 남성보다 '자연'에 더욱 밀착되어 있음을 뜻한다고 볼 수 있다.
9) 대자연을 곁에 있는 성(城)과 같이 가까이 한다는 뜻.
10) 累(루) : 포갤 루, 누 끼칠 루.
11) 方寸 : (사방 한 치의 작은) 마음.
12) 대자연을 성곽 또는 허실로 여기고 사심이 없으면, 그 속이 비지 않고 쌓여 있어도 무관하게 '白'이 된다는 뜻이다.

□ 윗글은 한재가 生白되었음을 알 수 있는 중요한 내용이다.

纔[13]明德[14]之復明兮
奄[15]發輝之難收。
懼昭昭之易暗兮
爇禮火而燭幽。[16]
警一物之來接兮
灑智水以掃除。[17]
所以樂天而知命兮[18]
閑利欲之籧篨。[19]

― 뒷장에 이어짐 ―

재명덕지부명혜
엄발휘지난수。
구소소지이암혜
작례화이촉유。
경일물지래접혜
쇄지수이소제。
소이락천이지명혜
한리욕지거저。

※ 收와 幽는 尤운(평성), 除와 篨는 魚운(평성)이다.

문득 명덕(明德)이 회복되어 밝아지나니,
갑자기 발한 빛을 받아들이기 어렵구나.
밝고 밝은 것이 쉽게 어두워질까 두려워,
예(禮)의 횃불을 밝혀 어두움을 비춘다네.
어떤 사물이 와서 접하는 것을 경계하나니,
지자(智者)의 물을 뿌려 소제를 한다네.
하늘이 명한 바를 즐거워하며 천명을 아는 까닭에,
사욕을 버리고 거친 자리 바란다네.

13) 纔(재) : 비로소, 겨우, 문득.
14) 明德은 『大學』 첫머리에서, "大學之道 在明明德, 在親民, 在止於至善."에 나오는 말로, 주희는 "사람이 타고난 본체의 밝음"이라 했다. 즉, '밝고 道에 맞는 덕'을 뜻한다.
15) 奄(엄) : 가릴 엄, 갑자기 엄.
16) 爝(작) : 횃불 작, 비칠 작. 燭(촉) : 촛불, 등불, 비추다.
17) 灑(쇄) : 뿌릴 쇄, 깨끗할 쇄. 智者가 좋아하는 水를 뜻한다. 지혜를 갈고 닦는다는 의미이다.
18) 知命 : 知天命을 뜻함. 이 구절은 중시되어 8자이다.
19) 閑(한) : 막다, 닫다.
  籧篨(거저) : ① 거친 대자리 ② 새가슴. 『다부』에서 '거적'으로 쓰였으므로 같은 뜻이다.

□ 이 글은 도가의 生白이 곧 유가의 '明德'임을 나타내었다. 명덕의 방법으로 禮를 행하고 열심히 지식을 넓히며 천명을 알고 욕심 부리지 않는다는 것인데, 이는 후손에 대한 교육적 내용이 아닐까 생각된다.

爀英華[20]之盎粹[21]兮
雖曰虛而爲盈。
虛者能盈 而盈者不能虛兮[22]
吾聞之於考亭。[23]
儼[24]十手之攸[25]指兮
孰云幽之可欺。

— 뒷장에 이어짐 —

혁영화지앙수혜
수왈허이위영。
허자능영 이영자불능허혜
오문지어고정。
엄십수지유지혜
숙운유지가기。

※ 盈은 亭과 평성 통운이다.

제3장 심체(心體)의 생백(生白)

아름다운 심성으로 순수하게 빛나니,
비록 텅 비었다고 말하지만 가득 차 있도다.
텅 빈 것은 꽉 찰 수 있으나 꽉 찬 것은 빌 수 없음을,
나는 주자에게서 들었노라.
근엄하게 많은 사람이 가리키는 바이니,
누가 감히 어두워서 속여도 된다고 말하리?

20) 英華(영화) : 아름다운 심성이 나타난 것, 우수한 문장, 명예를 뜻한다.
21) 盎粹(앙수) : 동이 앙, 넘칠 앙. 순수할 수, 완전할 수.
22) 能은 'can'의 뜻이다. 盈은 찰 영.
23) 考亭(고정) : 주희가 살던 복건성의 지명. 이 글에서는 주희(朱熹)를 말한다. 이 구절은, 글 전체의 흐름을 깨뜨려 넉 자를 추가할 정도로 한재가 강조한 내용이다.
24) 儼 : 엄숙할 엄, 의젓할 엄, 삼갈 엄.
25) 十手 : 열사람의 손, 많은 사람의 손.
攸(유) : 바, 곳, 달리다, 아득하다, 위태하다.

[제3장 해설]

하늘과 같은 자신의 마음을 돌아보고 心의 生白을 공부하겠다는 겸손한 의지를 밝힘과 동시에, 虛室生白의 마음을 설명하였다. 그리하여 명덕의 빛으로 가득 차 '禮'를 사랑하고 지혜를 열며, 사욕을 버려 낮은 자리에 처함이 허실에 가득한 밝은 빛이라는 진리를 후학이 깨달으라는 글이다.

제4장 현인(賢人)들과 한재의 궁행(躬行)

伊尹之守拙兮[1)]
躡玄機[2)]之無爲。
伯夷[3)]之餓於西山兮
光與日而爭磨。[4)]
匪杜屋之重茅兮[5)]
百風雨其誰何。[6)]

― 뒷장에 이어짐 ―

이윤지수졸혜
섭현기지무위。
백이지아어서산혜
광여일이쟁마。
비두옥지중모혜
백풍우기수하。

※ 磨와 何는 歌운(평성)이다.

재상인 이윤은 고지식하였지만,
무위(無爲)의 현묘한 도(道)를 행하였도다.[7]
백이가 서산에서 굶주렸다지만,
해와 더불어 빛을 내고 윤기를 다투었다네.
두보의 집은 띠를 거듭 잇지 않고서,
온갖 비바람이 치면 "누구냐?" 하였다네.

1) 伊尹(이윤) : 殷나라의 어진 재상. 湯임금이 세 번 초빙하여 재상이 되어, 夏나라의 桀王을 쳐서 멸망시켜 湯의 역성혁명을 성공시켰다. 拙은 拙直(고지식함)의 뜻.
2) 躡(섭) : 밟다, 뒤쫓다, 따르다.
   玄機(현기) : 현묘한 기틀.
3) 伯夷(백이) : 은나라 말엽 백이와 숙제는 제후국 武王이 천자인 걸(桀)을 쳤으므로 西山(수양산)에서 고사리를 캐먹다가 죽었다.
4) 磨(마) : 고생하다, 갈다, 윤을 내다, 맷돌.
5) 匪(비) : 非(아닐 비)와 同字.
   杜는 당나라 시인 두보(杜甫, 712~770)를 뜻한다. 李白과 교제하였으며, 안록산(安祿山)의 난으로 말년에는 빈곤하게 지내었다.
6) 誰何(수하) : "누구냐"라고 힐문하는 말로 쓰인다. 여기서는 비바람을 친구로 여겼다는 뜻이다.
7) 『맹자』 盡心장에, "伊尹이 이르기를, '나는 하늘의 뜻을 따르지 아니하는 사람에게 익숙하지 않다.' 하고서, 太甲을 桐에 추방하자 백성들이 크게 기뻐했고, 太甲이 현명해지자 또 그를 돌아오게 하니 백성들이 크게 기뻐하였다."라고 한 내용을 뜻한다.

□ 윗글은 이윤·백이·두보가 물질적 어려움에 개의치 않고 세상을 밝혔다는 뜻이다.

是猶秉[8]燭而夜途兮
身投昧而愈光明。[9]
已明而逮民兮
曰堯舜與禹湯。
獨箕山[10]之遠覽兮
捨風瓢而洗耳。[11]
豈厥本之有二兮
蓋至極則皆理。

— 뒷장에 이어짐 —

시유병촉이야도혜
신투매이유광명。
이명이체민혜
왈요순여우탕。
독기산지원람혜
사풍표이세이。
기궐본지유이혜
개지극즉개리。

※ 明과 湯은 陽운(평성)이고, 耳와 理는 紙운 측성인 上聲이다.

이는 등촉을 잡고 밤길을 가는 것과 같이,
몸은 어두운 데 있지만 더욱 빛난다네.
이미 (명덕이) 밝아져 백성에게 미치었으니,[12]
요·순·우·탕을 말하게 되는구나.[13]
홀로 먼 기산을 유람하고 나서,
바람을 버려두고 표주박의 물로 귀를 씻었다네.
어찌 그 근본이 둘이겠는가?[14]
대개 극에 이르면 모두가 하나의 리(理)로다.

8) 秉(병) : 자루 병, 잡을 병.
9) 두 구절은 앞에 있는 세 가지 예를 아울러 강조한 것이다.
10) 箕山(기산) : 중국 하남성에 있는 산 이름으로, 堯임금 때에 소보(巢父)와 허유(許由)가 요임금의 천자 양위 요청을 거절하고 이곳에서 숨어 살았다고 함. 허유는 이미 태평한 시대에 명예만을 위해 천자가 될 필요가 없고 자신은 가난함이 자연스러우니 그 청을 거절한 후, 자신의 귀가 더럽혀졌다고 영천에 귀를 씻었다고 전한다.
11) 捨風(사풍) : '바람을 버리고' 즉, '바람으로 귀를 씻지 않고'.
12) 군주가 '明明德'한 후에 '신민(新民)'하게 되었음을 뜻한다.
13) 舜은 堯의 도통을 계승 발전시켰고 '中'의 심법을 후대에 가르쳤다. 禹는 치수에 실패한 곤의 아들로서 치적이 크다. 湯은 백성을 덕으로 다스렸고 역성혁명을 했다. 네 사람의 왕은 모두 도통의 덕치로 이름났다.
14) 요임금과 허유의 명덕은 다르지 않다는 것이다.

窺[15]聖門之多賢兮
惟庶幾者顔氏。[16]
默終日而如愚兮
樂仲尼[17]之日月。
嗟[18]至人[19]之云遠兮
正路鬱其茅塞。[20]
誰不出乎斯戶兮[21]
一何迷其南北。

— 뒷장에 이어짐 —

규성문지다현혜
유서기자안씨。
묵종일이여우혜
낙중니지일월。
차지인지운원혜
정로울기모색。
수불출호사호혜
일하미기남북。

※ 塞과 北은 職운(入聲)이다.

엿보건대 성인의 문하에는 현인이 많지만,
오직 그에 가까운 이는 안씨로다.
종일토록 침묵하여 어리석은 것 같았으나,
공자의 해와 달과 같은 도를 즐기었도다.
아아, 지인(至人)은 멀리 있다고 말하게 되고,
바른 길은 띠풀로 꽉 막혀 있구나.
누가 이 지게문에서 나오지 못하여서,
하나같이 어찌 남북을 헤매는가?

15) 窺(규) : 엿보다, 반걸음.
16) 庶幾(서기) : ① 가까움, 거의 ~되려 함 ② 희망 ③ 현인.
    顔氏(안씨) : 孔子의 수제자인 안자(顔子), 즉 안회를 가리킴.
17) 仲尼(중니) : 孔子의 자(字).
    日月은 앞서 한재가 말한 '白'을 뜻한다.
18) 嗟(차) : 탄식과 감탄의 발어사.
19) 至人(지인) : 덕이 높은 사람. 성인(聖人).
20) 茅塞(모색) : 띠가 우거져 길을 막듯이 사람의 욕심 때문에 마음이 가려져 있음. 『맹자』의 「진심(盡心)」하편에는, 길을 쓰지 않아 띠풀이 막아버렸다는 내용이 나온다.
21) 乎는 於와 같은 전치사이다.

□ 이 내용은 허실생백의 마음을 갖기 위해, 우선 자신의 사고틀에 갇힌 모습을 보는 것을 뜻한다.

幸關洛[22]之有人兮
開先哲之未發。

吟春草於窓前兮
目秋雲乎天末。
精通靈而感物兮
神動氣而入妙。[23]

― 뒷장에 이어짐 ―

행관락지유인혜
개선철지미발。

음춘초어창전혜
목추운호천말。
정통령이감물혜
신동기이입묘。

※ 發과 末은 입성 통운이다.

다행히 낙양 관문에 선각자가 있었으니,[24]
앞선 철인들이 펴지 못한 바를 열었도다.

봄날에는 창 앞의 풀을 읊고,
가을에는 하늘 끝 구름을 본다네.[25]
정신이 영성과 통하여 사물을 느끼며,
신명은 기(氣)를 움직여 묘경에 드노라.

22) 關洛(관락) : '關'은 '관문'의 뜻이다. '關內'와 '關東'에서는 '함곡관(函谷關)'을 뜻한다. 岡倉覺三 『茶の本』(p.40, 岩波文庫 1989)에는, '老哲人'이 함곡관에서 제자로부터 '한 잔의 금빛 仙藥'인 차탕을 받아 마셨다는 기록이 있으나 확실하지 않다. 洛은 도읍지였던 낙양. '關洛'은 장재(張載)와 정이(程頤)를 뜻할 수도 있으나, 뒤이은 내용과 글 제목을 참작하면 여기서는 지명을 말한다.
23) '神動氣而入妙'는 『다부』 마지막 장에도 있는 구절이다.
  앞 행의 '精'과 '神'이 대우를 이룬다.
24) 낙양(洛陽, 하남성 북부 소재)의 관문과 연관된 현인으로 춘추시대의 老子가 있다. 노자가 낙양의 關門을 거쳐 갈 때, 함곡관(函谷關)을 지키던 제자인 윤희(尹喜, 關尹)가 간청하여 오천언의 교훈을 남겨 서책 『老子』가 되었다고 『史記』의 本傳에 전하나, 위작이라는 설도 있다.(가노나오끼 『中國哲學史』 187면. 노사광 『중국철학사』 207면.)
25) 이는 글 제목 『허실생백부』의 장자사상과 같이, 정신이 맑아지고 신령스러운 기운을 얻고자 자연을 대상으로 노래하고 보는 것을 뜻한다.

盍吾書紳而佩服兮[26]
期屋漏之無愧。[27]

方歸一而視萬兮
何寡眞而皆僞。
世固飾外而遺內兮
競圖邪而斲[28]朴。
矧[29]異說之紛靡兮
反聾瞽[30]其耳目。

— 뒷장에 이어짐 —

합오서신이패복혜
기옥루지무괴。

방귀일이시만혜
하과진이개위。
세고식외이유내혜
경도사이착박。
신이설지분미혜
반롱고기이목。

※ 愧와 僞는 眞운(평성)이고, 朴과 目은 통운이다.

어찌 내가 큰 띠에 글을 새겨 몸에 지니지 않으리오?[31]
골방에서도 부끄러움이 없기를 바라노라.

이제 하나로 돌아가[32] 만사를 보게 되나니,
어찌하여 진실은 적고 모두가 거짓인가?
세상에는 참으로 겉만 꾸미고 속은 버려두어서,
간사함을 다투어 도모하고 질박함을 깎아버리도다.
더욱이 이단의 말은 분분하고 어지럽히나니,
도리어 귀먹고 눈멀게 하는구나.

26) 盍(합) : 모일 합. 어찌 ~하지 아니할 합.
　佩服(패복) : 몸에 지님.
27) 이 내용은 『中庸』 제33장에 나오는 "詩云, 相在爾室 尙不愧于屋漏. 故君子不動而敬 不言而信"으로, 군자의 신독자세를 뜻한다.
28) 斲(착) : 깎다.
29) 矧(신) : 하물며. 잇몸. 어조사.
30) 聾瞽(롱고) : 귀먹을 롱. 먼눈 고.
31) 紳 : 허리에 매고 늘어뜨려 의관을 장식하는 큰 띠.
　書는 다음 구절에 나오는 신독의 좌우명을 뜻한다.
32) 이 글에서 하나로 돌아갔다 함은, 天理를 깨달았다는 뜻이다.

□ 여기서 한재는 깨달은 안목으로 당시의 현실을 보니, 위선이 난무하고 간사한 사람이 많아, 도리어 진실과 질박함을 못 보게 된다는 것이다.

雄[33]守玄而逐貧兮[34]
愈處窮而思送。[35]

旣不能以無物兮
謂吾中之空洞。[36]
孰超然而反本兮
醒萬古之長夢。

웅수현이축빈혜
유처궁이사송。

기불능이무물혜
위오중지공동。
숙초연이반본혜
성만고지장몽。

※ 送·洞·夢은 모두 送운(거성)이다.

제4장 현인(賢人)들과 한재의 궁행(躬行) 195

양웅은 '현(玄)'을 지키며 가난을 쫓았음이여,
한유는 어렵게 거처하며 '궁핍 보내기'를 생각했다네.

이미 안 지닐 수 없게 된 아무것도 없음이여,
나의 중심에 있는 공동(텅 빈 굴)이라 이른다네.
누가 초연해져 근본으로 돌아가서,
만고의 긴 꿈에서 깨어나는가?

33) 雄은 西漢의 사상가 揚雄(53B.C~A.D18)을 뜻한다. 그는 性에 선악이 혼재한다고 주장하고, 선함을 닦으면 선한 사람이 된다고 했으며, 『太玄』, 『方言』, 『法言』 등의 서적을 남겼다. 『다경』에서 장맹양과 육우가 양웅을 존경했음을 알 수 있다.
34) 양웅의 '玄'은 '우주만물의 본원' 또는 '道'를 뜻한다.(中華思想大辭典) 逐(축)은 '물리치다, 쫓다, 쫓기다, 경쟁하다'의 뜻.
35) 愈는 당나라 유학사상가이자 문장가인 한유(韓愈, 字는 退之, 768~824)이고 '韓子'라고도 했다. 그는 性과 情을 三品으로 나누고, 교육에 따라 上品의 '善'도 되나 惡의 下品은 개선되기 불가능하며, 情은 언제나 그 中을 얻고자 힘써야 한다고 주장했다. 그는 양웅의 순수한 점을 칭찬했다.
36) 丟中은 '허실의 心'을 뜻한다.
   空洞(공동) : 텅 빈 굴. 여기서는 허실을 뜻함.

〔 제4장 해설 〕
　한재는 자신이 '生白'하여서 보이는 현실을 안타까움으로 나타내었다. 허실로 생백하여 명덕을 지닌 현인들로, 이윤·백이·두보·요·순·우·탕·허유·안회·노자, 그리고 양웅·한유를 들었다.

제5장 심중(心中)의 잠언(箴言)

亂曰[1]。

天造草昧[2]立性命[3]兮
人於其間獨也正兮。
胡爲[4]逐末困風塵兮
黃粱[5]未熟白鬢[6]新兮。

— 뒷장에 이어짐 —

난왈.

천조초매립성명혜
인어기간독야정혜.
호위축말곤풍진혜
황량미숙백빈신혜.

요지를 말해보자.

천지가 개벽된 이래 성(性)의 천명(天命)을 얻었으니,
사람은 그 간에 홀로 바르게 살아야 하느니.
어찌하여 끝을 쫓아 풍진으로 고생하는고?
깨어보니 조밥은 익지 않았고 흰 귀밑털이 새롭다네.

1) 亂曰(난왈) : 시나 樂의 끝에 대요(大要)가 되는 난사(亂辭)를 말하거나 나타낼 때 쓴다. 여기부터는 글귀의 끝에 전부 兮를 붙여 강조했다.
2) 天造 : 하늘의 조화. 草昧(초매) : 천지개벽의 처음, 또는 거칠고 어두운 세상. 『역경』의 준(屯)괘에서 단사(彖辭)에 있는 "雷雨之動滿盈 天造草昧 宜建侯而不寧.(뇌우의 움직임이 천지에 충만하고 천조가 어지럽고 어두울 때 마땅히 제후를 세우고 편히 지내지 말아야 한다.)"에도 나온다.
3) 性命(성명) : 인성(人性)과 천명(天命). 만물이 제각기 가지고 있는 천부(天賦)의 성질. 생명. 이는 『역경』 건괘(乾卦)의 단사(彖辭)에 있는 '乾道變化 各正性命'에서 나온 말이다.
4) 胡爲(호위) : '胡爲乎'의 줄임으로 '어찌하여'의 뜻. 어찌 호.
5) 黃粱은 메조이나, 이는 '黃粱夢'을 가리킨다. 『침중기(枕中記)』에 나오는 고사에서 "唐나라 때 盧生이 한단(邯鄲) 땅 주막에서 도사 여옹(呂翁)에게 베개를 빌어 베고 잠이 들어, 부귀영화를 누리며 80살까지 산 꿈을 꾸었는데, 깨어본즉 아까 주인이 짓던 좁쌀 밥이 채 익지 않았더라." 하는 내용에서 '세상의 부귀영화가 허황된 것'임을 이르는 말이다. 여기서는 인생이 꿈과 같이 잠깐임을 뜻한다.
6) 鬢(빈) : '귀밑털, 구레나룻'의 뜻.

回首⁷⁾人間底事眞兮
孔稱浮雲孟浩然兮。⁸⁾
卓彼先覺明此天兮
敬以守之誠爲主兮。
今天下人勞且苦兮
胡⁹⁾不歸來室猶¹⁰⁾古兮。

회수인간저사진혜
공칭부운맹호연혜。
탁피선각명차천혜
경이수지성위주혜。
금천하인로차고혜
호불귀래실유고혜。

돌이켜 보면 인간사의 밑바닥은 진실로,
공자가 말한 뜬 구름이요 맹자의 호연이라오.
탁월한 저 선각자들이 하늘의 본뜻을 밝혔으니,
경(敬)을 지키고 성(誠)을 위주로 할 것이네.[11]
지금 천하 사람들이 힘들고 또한 고생스럽나니,
어찌하여 옛날과 같이 허실에 돌아오지 아니하는가?[12]

7) 回首 : ① 머리를 돌이킴 ② 뒤돌아 봄.
8) 공자의 '부운(浮雲)'은 『다부』제6장 한재의 칠완다가에서, 셋째 잔을 마시니 공자와 같이 부운에 뜻을 두고, 맹자의 호연지기를 기른다네."라 하였다. 浩然은 넓고 큰 모양을 뜻한다.
9) 胡 : 어찌 호.
10) 室은 虛室을 뜻한다.
   猶는 '같을 유, 말미암을 유'로도 쓰인다.
11) 한재는 「천도책」에서 "誠'은 天이요 誠을 행하는 것은 사람이다."라고 한 내용이 있다.
12) '옛날'은, 道가 실행되었던 요순과 현인(賢人)의 시대를 뜻한다. 이 글은 위정자가 허실에서 생백하여, 심체의 명덕을 밝혀 유가의 이상을 실현하라는 뜻이 있다.

〔 제5장의 해설 〕
   이 글 전체의 결론을 적었다.
   짧은 인간의 삶에 외롭더라도 '正'을 지켜야 한다. '내 마음 비우기'를 쉽고 분명한 '虛室'에서 깨달아 '生白'하여, 현인들이 밝힌 '天의 道'를 '敬과 誠'으로 노력하라는 훈계를 남겼다.

■ 이방운(李昉運, 1761~1815~?)의 여름 풍속 산수도 부분
(국립중앙박물관 소재)

□ 참고문헌

『李評事集』『한국문집총간』 제18권, 민족문화추진회
李穆『寒齋集』甲寅本(목판본)
李穆『寒齋文集』寒齋宗中管理委員會, 1981
『차 노래글 茶賦』嘉泉文化財團, 1994
김길자 역주『이목의 차노래』두레미디어, 2001
이병인・이영경 신역『茶賦 내 마음의 茶노래』차와 사람, 2007
류건집 주해『茶賦 註解』이른아침, 2009
효동원『茶香禪味』비봉출판사, 1986
윤경혁 역해『차문화고전』홍익재, 1999
김명배 저『中國의 茶道』明文堂, 2007
류건집 저『韓國茶文化史』上・下 이른아침, 2007
한영우저『우리역사』경세원, 1997
최영성 저『한국유학통사』上, 심산, 2006
윤사순・고익진 편『한국의 사상』열음사, 1984
권근 지음・이광호 외 역주『三經淺見錄』청명문화재단, 1999
이기동 저『이색』성균관대학교 출판부, 2005
오석원 저『한국 도학파의 의리사상』유교문화연구소, 2005
정영선 저『다도철학』너럭바위, 1996・2010
육우 저・정영선 역『다경』너럭바위, 2011
김길환 저『한국양명학연구』일지사, 1994
楊國榮 著・宋河璟 譯『양명학통론』박영사, 1994
차주환 저『韓國의 道敎思想』동화출판공사, 1984
송항룡 저『韓國道敎哲學史』성균관대학 大東文化硏究院, 1987
勞思光 著・鄭仁在 譯『中國哲學史』探究堂, 1997
가노 나오키 著・吳二煥 譯『中國哲學史』乙酉文化社, 1997
金忠烈 著『중국철학사』예문서원, 1999
『中華思想大辭典』吉林人民出版社, 1991

溝口雄三 外 지음·김석근 외 옮김 『中華思想文化辭典』 민족문화문고, 2003
安炳周·田好根 共譯 『莊子』 傳統文化硏究會, 2007
李基東 譯解 『孟子 강설』 成均館大學校出版部, 1998
崔英成 「寒齋 李穆의 道學思想 硏究」(『韓國思想과 文化』 제12집, 韓國思想文化學會, 2001. 6)
崔英成 「寒齋 李穆의 <茶賦> 硏究」(『韓國思想과 文化』 제19집, 韓國思想文化學會, 2003. 3)
鄭英善 「이색(李穡) 다도의 문화사적(文化史的) 업적과 후대에 미친 영향」(제2회 차문화 학술심포지엄, 계명대차문화연구소, 2010)
『제1회 차문화학술발표논문』 한국차문화연구회, 1986
『차문화연구지』 제5권, 7권, 10권, 14권, 15권, 한국차문화연구소
석용운 엮음 『한국茶文化자료집』 艸衣
『茶歌拾翠』 浙江撮影出版社, 1990
『中國茶經』 上海文化出版社, 1992
『中國古代茶詩選』 浙江古籍出版社, 1989
『中國茶文化經典』 光明日報出版社, 1999
『中國茶葉大辭典』 中國輕工業出版社, 2000
『中國古代茶葉典書』 浙江撮影出版社, 2001
『韓國人名大辭典』 新丘文化社, 1967
『國史大辭典』 三榮出版社, 1984
『大漢和辭典』 大修館書店(東京), 1984
『漢韓大字典』 동아출판사, 1982
『漢韓大字典』 민중서림, 2009

제4부

『다부』의 창가(唱歌)와 덧글

- 『다부』의 한문 창가 · 204
- 『다부』의 한글 창가 · 214
- 『한재문집』의 덧글 · 227

■ 『다부』의 한문 창가
— 茶賦　幷序 —

〈 1. 序文 〉

凡人之於物　或玩焉　或味焉,
樂之終身　而無厭者　其性矣乎。
若李白之於月　劉伯倫之於酒,
其所好雖殊　而樂之至　則一也。
余於茶　越乎其莫之知,
自讀陸氏經　稍得其性　心甚珍之。
昔中散樂琴而賦　彭澤愛菊而歌,
其於微尙加顯矣。
況茶之功最高　而未有頌之者,
若廢賢焉　不亦謬乎。
於是, 考其名　驗其產, 上下其品　爲之賦。
或曰, 茶自入稅　反爲人病, 予欲云云乎。
對曰, 然。然是　豈天生物之本意乎。
人也　非茶也。
且與有疾　不暇及此云。

〈 2. 茶名 〉

其辭曰。
有物於此　厥類孔多,
曰茗曰荈　曰蔎曰菠。
仙掌·雷鳴·鳥嘴·雀舌
頭金·蠟面·龍·鳳·石·的,
雨前·雨後·先春·早春
進寶·雙勝·綠英·生黃,
或散　或片。
或陰　或陽,
含天地之粹氣
吸日月之休光。
蟠柢丘陵之厚
揚柯雨露之澤。

〈 3. 茶林 〉

造其處則。

硿岘礐碣　巉巇屼崔

嵱嵧峗崿　嵣嵢峃峔。

呀然或放　豁然或絕

崦然或隱　鞠然或窄。

其上何所見　星斗咫尺，

其下何所聞　江海吼擤。

靈禽兮狢颬

異獸兮挐攫。

奇花瑞草　金碧珠璞

葦葦蓑蓑　磊磊落落。

徒盧之所趙趄

魑魅之所逼側。

〈 4. 春節採茶 〉

於是,
谷風乍起　北斗轉壁
氷解黃河　日躔靑陸。
草有心而未萌
木歸根而欲遷。
惟彼佳樹　百物之先
獨步早春　自專其天。
紫者綠者　靑者黃者
早者晚者　短者長者。
結根竦幹　布葉垂陰
黃金芽兮　已吐碧玉。
粦兮成林　晻曖蓊蔚。
阿那嬋媛
翼翼焉與與焉。
若雲之作霧之興
而信天下之壯觀也。
洞嘯歸來　薄言采采
擷之捋之　負且載之。

〈 5. 煎茶三品 〉

搴玉甌而自濯
煎石泉而旁觀。
白氣漲口　夏雲之生溪巒也。
素濤鱗生　春江之壯波瀾也。
煎聲颼颼　霜風之嘯篁栢也。
香子泛泛　戰艦之飛赤壁也。
俄自笑而自酌　亂雙眸之明滅。
於以，
能輕身者　非上品耶。
能掃痾者　非中品耶。
能慰悶者　非次品耶。
乃把一瓢露雙脚，
陋白石之煮　擬金丹之熟。

〈 6. 七椀茶歌 〉

啜盡一椀　枯腸沃雪。
啜盡二椀　爽魂欲仙。

其三椀也　病骨醒頭風痊。
心兮
若魯叟抗志於浮雲,
鄒老養氣於浩然。
其四椀也　雄豪發憂忿空。
氣兮
若登太山而小天下,
疑此俯仰之不能容。
其五椀也　色魔驚遁　餐尸盲聾。
身兮
若雲裳而羽衣　鞭白鸞於蟾宮。
其六椀也　方寸日月　萬類遽篨。
神兮
若驅巢許而僕夷齊,
揖上帝於玄虛。
何七椀之未半
鬱淸風之生襟。
望閶闔兮　孔邇隔,
蓬萊之蕭森。

〈 7. 五功六德 〉

若斯之味　極長且妙
而論功之　不可闕也。
當其凉生玉堂　夜闌書榻,
欲破萬卷　頃刻不輟。
董生唇腐　韓子齒豁,
靡爾也　誰解其渴。
其功一也。
次則,
讀賦漢宮　上書梁獄
枯槁其形　憔悴其色。
腸一日而九回　若火燎乎腷臆,
靡爾也　誰叙其鬱。
其功二也。
次則,
一札天頒　萬國同心
星使傳命　列侯承臨。
揖讓之禮旣陳　寒暄之慰將訖,
靡爾也　賓主之情誰協。

其功三也。
次則,
天台幽人　靑城羽客
石角噓氣　松根鍊精,
囊中之法欲試　腹內之雷乍鳴。
靡爾也　三彭之蠱誰征。
其功四也。
次則,
金谷罷宴　兎園回轍,
宿醉未醒　肝肺若裂
靡爾也　五夜之醒誰轍。
其功五也。

吾然後知　茶之又有六德也。
使人壽修　有帝堯大舜之德焉。
使人病已　有兪附扁鵲之德焉。
使人氣淸　有伯夷楊震之德焉。
使人心逸　有二老四皓之德焉。
使人仙　有黃帝老子之德焉。
使人禮　有姬公仲尼之德焉。

〈 8. 飲茶恩寵 〉

斯乃,
玉川之所嘗贊
陸子之所嘗樂。
聖兪以之了生
曺鄴以之忘歸。
一村春光　靜樂天之心機,
十年秋月　却東坡之睡神。

掃除五害　凌厲八眞。
此造物者之盖有幸
而吾與古人之所共適者也。

豈可　與儀狄之狂藥裂腑爛腸,
使天下之人德損而命促者
同日語哉。

〈 9. 茶道心地 〉

喜而歌曰。
我生世兮　風波惡。
如志乎養生　捨汝而何求。
我携爾飮　爾從我遊,
花朝月暮　樂且無斁。

傍有天君　懼然戒曰,
生者死之本　死者生之根。
單治內而外凋
秸著論而蹈艱。
曷若　泛虛舟於智水
樹嘉穀於仁山。

神動氣而入妙
樂不圖而自至。
是亦吾心之茶
又何必求乎彼也。

■ 『다부』의 한글 창가

1. 머릿글

　사람이 사물을 완상하거나 혹은 맛을 좋아하여, 일생동안 즐기며 싫어하지 않는 것은 그 품성에 달려 있다.
　이백(李白)이 달을 대하고 유령(劉伶)이 술을 대하는 것과 같이, 그 좋아하는 대상이 비록 다르나 지극한 즐거움에 이름은 한가지이다.
　차에 대해 내가 모르지 않았으나, 육우의 『다경』을 읽고 그 품성을 더욱 알게 되어, 마음으로 매우 진중히 여기게 되었다.
　옛날에 중산(中散) 혜강(嵇康)은 거문고 타기를 즐기어 「금부(琴賦)」를 지었고, 도연명은 국화를 사랑하여 노래를 지었으니, 그것은 미미한 것을 받들어서 더욱 드러나게 한 것이다.
　하물며 차의 공은 가장 높은데 아직도 그것을 칭송한 사람이 없으니, 마치 현인을 버려두는 것과 같이 역시 잘못된 일이 아니겠는가?
　이에 그 이름을 고찰하고 산지를 증험하며, 품질의 상하를 가리어 부(賦)를 짓고자 한다.
　어떤 사람이 말하기를, "차는 세금을 불러들이니 도리어 사람들에게 병통이 되는데, 그대는 글을 짓고자 하는가?"라고 한다.

대답하기를, "그러하오. 그러나 이런 일이 어찌 하늘이 만물을 창제한 본뜻이겠소? 사람의 일이지 차의 탓이 아니오. 더욱이 나는 고질이 있으니, 거기에 미칠 겨를이 없다오."라고 하였다.

2. 차의 명칭과 산지

그것을 논해 보자면,
여기 있는 차라는 것은 그 분류가 많다.
명(茗)이라 천(荈)이라 하고
한(蔊)이라 파(菠)라 하네.
선인장·뇌명·조취·작설이 있고
두금·납면·용차·봉차·석유·적유라고 하네.
우전·우후·선춘·조춘에
진보·쌍승·녹영·생황이 있고,
산차 혹은 편차가 있다네.
어떤 것은 음지에서
어떤 것은 양지에서,
천지의 신령스런 기운 머금고
해와 달의 훌륭한 빛 빨아들인다네.
두터운 구름에 뿌리를 내리고
비와 이슬 은택으로 가지를 뻗는구나.

3. 다림의 경관

차나무가 있는 곳을 보자.
산이 높아 험하게 솟아나 있고
봉우리는 가파르고 험준하구나.
울쑥불쑥 서 있는 바위들
굽이에는 덤불숲이 뻗어 있다네.
골짜기가 텅빈 듯 트였다가 끊어지고,
가려져 숨어 있기도 하고
굽어지다 좁아지기도 하네.
그 위로 무엇이 보이는가?
별들이 지척이고,
그 아래로 무엇이 들리는가?
강이나 바다가 물결치며 소리 낸다네.
신령스런 새들이여! 날며 기운을 토하고,
신기한 짐승들이여! 사로잡힐 듯하구나.
기이한 꽃과 상서로운 풀들은
금빛과 푸른빛 보석과 옥 같고,
덥수룩이 우거지니
용모가 준수하네.
용감한 사냥개들 머뭇거리고
산도깨비가 곁에서 위협하는 곳이라네.

4. 춘절의 채다

이에,
봄바람이 언뜻 일고
북두칠성이 벽성을 지나며,
얼음이 녹아 황하로 흘러
태양은 푸른 대지 비추는구나.
풀은 움트고 싶어 하지만
아직 싹이 나지 않았고,
나무는 봄기운을 뿌리로 보내어
다시 가지로 옮기려 하네.

■ 전남 순창 돌산의 겨울 차나무 숲

오직 저 훌륭한 차나무는
백물에 앞서서,
이른 봄에 홀로 나서니
절로 하늘을 독차지하네.

자색, 녹색, 청색, 황색,
이른 찻잎 늦은 찻잎
짧은 잎 긴 잎 있네.
뿌리에 정기 모아 줄기에 돋우어서,
잎을 펴고 그늘을 드리웠구나.
황금빛 싹이여
푸른 옥을 토하였네.
늘어져 숲 이루니
무성하고 울창하다.
아름답고 고운 미인
정연하고 위의 있네.
구름 일고 안개 피면
그야말로 천하장관!
퉁소 불고 돌아오며
찻잎을 따노라니,
집어 따고 또 따 담아
져서 수레로 나른다네.

5. 전다 삼품

나는 옥그릇 꺼내어
씻어서 놓아두고,
돌 샘물을 끓이며
곁에서 지켜보네.
하얀 김이 쏟아지니,
여름날의 구름이
계곡과 산등성이에 생겨나는구나.
흰 물결로 끓으니
물고기 비늘 생기고,
봄 강물이 씩씩하게 파도를 친다네.
끓는 소리가 쉬쉬하며,
서릿바람이 부는 대나무 잣나무 숲
휘파람 소리나고,
아름다운 향기가 차탕에 떠오니
전함이 적벽강을 나는 듯 하구나.
갑자기 절로 웃음이 나고,
차를 따라 마시니,
흐렸던 두 눈이
밝았다 어두웠다 하네.
아, 몸을 가볍게 할 수 있으면
상품이 아니겠는가?
고질을 없앨 수 있는 것은

중품이 아니겠는가?
시름을 달래 줄 수 있는 것은
차품이 아니겠는가?

이에 표주박 하나 들고
바지를 걷고서,
백석 끓이는 일 천하게 여기고
단약 익히기를 의심한다네.

6. 한재의 칠완다가

차 한 잔을 마시니
마른 창자를 눈물로 적신 것 같고,
두 잔 차를 마시니
정신이 상쾌하여 신선이 되고 싶네.
셋째 잔을 마시니
병든 뼈가 깨어나고 두통이 없어지고.
마음은,
공자가 부귀를 뜬 구름 여기듯 되고,
맹자의 호연지기 기르게 되네.
넉 잔을 마시니
씩씩한 기운이 생겨나고
근심과 울분이 비워지는구나.
기력은,

태산에 올라 천하를 작다 했던 것과 같아져,
이렇게 굽어봄이 용서받지 못할까봐 걱정되네.
다섯 잔을 마시니
색마(色魔)가 놀라서 달아나고,
제수를 탐내는 시동이
눈이 멀고 귀가 먹게 되는구나.
몸은,
구름치마에 깃털 옷을 걸치고
흰 난새를 채찍질해
달나라로 가는 것 같네.
여섯째 잔을 마시니
마음이 해와 달이 되어,
만 가지가 다 거적에 있구나.
정신은,
소보(巢父)와 허유(許由)를 쫓아내고
백이와 숙제를 종복 삼은 것 같아져,
하늘의 상제(上帝)에게 읍을 하도다.

어떻게 일곱째 잔은 반도 마시지 않았는데
가슴에 청풍이 가득 차는가?
천상계의 문을 보다니 무척 가깝구나.
조용하고 울창한 봉래산이여!

7. 차의 오공과 육덕

이 맛이 지극히 뛰어나고 오묘하니,
공덕을 논하지 않을 수 없다네.

옥당이 서늘하니 밤늦도록 책상에 앉아,
만 권 책을 독파코자 잠시도 쉬지 않으니
한유가 쓴 동생(董生) 같이
입술이 터지고 이가 빠질 때,
네가 없었으면
누가 그 목마름을 없애 줄까?
그 공이 첫째이다.
다음인즉,
한나라 궁에서 부를 읽고
양나라 감옥에서 호소하는 글을 쓰매,
그 모습 야위고 안색은 초췌하여
창자가 하루에 아홉 번 뒤틀리고
답답한 가슴이 불타는 것 같을 때,
네가 아니면
누가 그 울기를 풀어줄까?
그 공이 둘째이다.
다음인즉,
천자가 한 통 서찰 반포하여
만국이 한마음 되고자,

칙사가 명을 전하니
열국 제후들이 임하여 받들 때에
읍하여 사양하는 예를 행하고
날씨의 문안인사 마치려 할 때,
네가 아니면
귀빈과 주인의 정을
누가 합하게 할까?
그 공이 셋째이다.
다음인즉,
천태산의 은자와 청성산의 신선이
바위 모서리에서 기식(氣息)을 토하고,
소나무뿌리에서 정기를 단련하며
숨겨둔 비법을 시험하니,
뱃속에서 우레가 갑자기 우는구나.
네가 아니면
기생충을 누가 정복하리?
그 공이 넷째이다.
다음인즉,
금곡원(金谷園) 잔치가 이미 파했고,
토원(兎園)에서 수레를 돌리었는데,
숙취가 깨지 않아
간과 허파가 찢어지는 듯 할 때
네가 아니면
오경(五更)의 술기운을 누가 가시게 하리?

그 공이 다섯째이다.

나는 뒤에 알았으니, 차에 또 여섯 가지 덕이 있도다.
사람을 장수하게 하니
요임금과 순임금 덕을 지녔다오.
사람의 병을 낫게 하니
유부(兪附)와 편작(扁鵲)의 덕을 지녔다네.
사람의 기(氣)를 맑게 하니
백이(伯夷)와 양진(楊震)의 덕이 있다오.
사람의 마음을 편하게 하니
이로(二老)와 사호(四皓)의 덕이 있다네.
사람을 신선으로 만드니
황제(黃帝)와 노자(老子)의 덕이 있다오.
사람을 예의롭게 하나니
주공(周公)과 공자의 덕을 지녔다네.

8. 음다생활의 은총

이는,
노동이 일찍이 시로 찬미하였고
육우가 즐긴 바라네.
매요신(梅堯臣)은 그로써 인생을 깨달았으며,
조업(曹鄴)은 이로써 돌아갈 것을 잊었다오.
한 마을의 봄빛 같이
백거이의 심기를 고요하게 했고,
십년 세월의 가을밤 달빛처럼
소동파의 잠귀신을 물리쳤다네.

오해(五害)를 없애고
팔진을 용감히 넘어선다네.
이는 조물주의 은덕이니 다행한 일이며,
또한 나와 옛 사람의 뜻이 같은 바 라네.

어찌 의적(儀狄)이 만든 술로써
오장육부를 찢어 문드러지게 하고,
천하 사람들이 덕을 잃고 수명을 재촉하는데
나날이 차와 술이 같다고 말하겠는가!

9. 다도의 심지

기뻐하며 노래한다네.
"내가 세상에 태어나
풍파가 모질구나.
양생에 뜻을 두자면
너를 버리고 무엇을 구하리.
나는 너를 지니고 다니며 마시고
너는 나를 따라 노니나니,
꽃피는 아침 달뜨는 저녁
즐겁기만 하고 싫지가 않네."

곁에 천군(天君)이 계시어 두려워 경계한다네.
"삶은 죽음의 나무줄기요, 죽음은 삶의 뿌리이다."

오직 마음만 다스리면 몸이 시들기에
혜강은 양생론으로 실천하고자 했다네,
어찌 지자(智者)가 물에 빈 배를 띄우고
인자(仁者)가 산에 오곡 심는 것과 같으리!

신명이 기를 움직여 묘경에 드니
즐거움을 도모하지 않아도 절로 이른다네.
이것이 또한 내 마음에 있는 차(茶)이니
또 어찌 다른 데서 구하리오!

『한재문집』의 덧글

(한재종중관리위원회 역, 1981)

① 유적비명(遺蹟碑銘)

외손 후예(外孫後裔) 창산(昌山) 성 구용(成九鏞)

옛날 성종(成宗) 때 한재 이 선생(寒齋李先生)은 태학(太學)에서 공부할 때부터 곧은 성품(性稟)을 가졌다는 명성을 크게 떨쳐서 상(上)이 크게 가상(嘉賞)히 여기었고, 그가 배운 바를 펼쳐 보려 할 즈음, 불행(不幸)하게도 나라의 운이 나빠 연산(燕山)이 위에 올라 그 덕이 날로 어두워 간신(奸臣)이 날뛰어서 한때의 좋은 정사(政事)가 모두 쇠퇴하여 선생(先生)이 또한 맨 먼저 참혹한 화(禍)를 입어 요순(堯舜)의 착한 백성으로서의 뜻이 마침내 무너져 버리게 되었으니, 슬프도다! 어찌 하늘이 정하지 못하여서 그리 되었던가?

선생(先生)께서 참화(慘禍)에 얽힌 바가 된 지 거의 五百년에 가까와 조정(朝廷)의 높이 어 기림과 선배 현인(先輩賢人)들의 글을 지음이 거의 유감(遺憾)이 없더니 오직 이곳 공주(公州)는 선생(先生)이 귀양 와서 살던 땅이라 선비들이 제사(祭祀)를 올리고 있다. 구름처럼 떠돌아 다니면서 살았으니 ② 지팡이 짚고 삼신 신고 다니며 쉬던 곳이요 시(詩)를 읊고 노래하며 이르던 곳이라, 나뭇군이나 소먹이는 아이들까지도 오히려 그분의 끼친 운(韻)을 상상(想像)하거늘, 하물며 그의 자손(子孫)이 되어서랴! 표지(表識) 병렬(炳烈)이 함이 또한 인정(人情)이 능히 그만두지 못하는 바이라. 후손(後孫)이 종중(宗中)을 합하여 돌에 새겨 그 자취를 남기고자 하여, 말에 능하지 못한 나에게 글 쓰기를 맡기니, 돌아보매 아득하여 서로 감당(堪當)하기 어려우나 내 이미 연보(年譜)를 편찬(編纂)하였고, 이제 이와 같은 역사(役事)를 맡게 되니 어찌 차마 사양(辭讓)하겠는가?

삼가 생각해 보건대, 선생(先生)의 휘(諱)는 목(穆)이요 자(字)는 중옹(仲雍)이니 전주인(全州人)이다. 고려(高麗) 때의 정당 문학(政堂文學) 황강(黃岡) 휘(諱)는 문정(文挺)이니 양후공(良厚公)의 휘(諱)는 백유(伯由)이니 그의 현손(玄孫ㅡ고손자)이며, 중호조참의(贈戶曹參議)에 국조(國朝)의 개국 공신(開國功臣)이며 완성부원군(完城府院君)그의 六세손이며 휘(諱)는 윤생(閏生)이니 그의 아들이다. 선생(先生)이 성종(成宗) 신묘년(辛卯年)에 태어나니, 성품(性禀)이 이미 효우(孝友)하고 모습이 활달(豁達)하고 절의(節義)가 크고 많아서 十四세에 점필재 김 선생(佔畢齋金先生)의 문하(門下)에 나아가 수업(受業)하니 밤낮으로 힘써서 학문(學問)이 크게 나아가 빛나는 이름이 더욱 높아지더니 한훤당(寒暄堂ㅡ김 굉필)과 일두(一蠹ㅡ정 여창)와 탁영(濯纓ㅡ김 일손) 등 여러 어진 사람들과 도의(道義)로써 교유(交遊)하고 문사(文詞)를 공부하고 사공(事功)에 뜻을 두어서 글에 있어서는 좌씨춘추(左氏春秋)를 즐겨 읽어 대의(大義)를 깊이 깨닫고 사람에 있어서는 범문정(范文正)을 흠모하여 그 덕업(德業)을 시행(施行)하고자 하였다. 약관(弱冠)이 채 못 되어 기유년(己酉年)에 진사(進士)에 합격하여 태학(太學)에 가서 공부하였다. 언론(言論)이 강하고 군세며 뜻과 기운이 높고 매서워서 선악(善惡)을 분별함에 머뭇거리는 바가 없어서 이로써 제배(儕輩ㅡ동료)들이 추앙(推仰)하여 복종(服從)하는 바가 되니 간사(姦邪)한 무리들은 시기하여 눈흘겨 엿보았다. 성종(成宗)께서 편찮으심이 있음에 대비(大妃)께서 계집 무당에게 몰래 비는데, 반궁(泮宮)의 벽송정(碧松亭)에다 음란(淫亂)한 제사(祭祀)를 베풀기늘, 선생(先生)이 여러 유생(儒生)을 모아 거느리고 가서 매질하여 내쫓으니 무당이 궁중(宮中)에 하소연하였다. 대비(大妃)께서 크게 노하여 상(上)의 병환이 나음을 기다려 고하니 성종(成宗)께서 일부러 노하여 곧 성균관(成均館)에 명하여 그 유생(儒生)들의 이름을 다 적어서 올리게 하니 여러 유생은 모두 큰 꾸지람을 내릴까 두려워하여 다투어 도망하여 숨었으나 선생(先生)은 홀로 몸을 나타내었다. 성종께서 대사성(大司成)을 불러 교(敎)를 내려 말씀하시기를 『네가 능히 유생을 거느리고 선비의 풍습으로 하여금 바른 데로 돌아가게 하였으니 내 그것을 가상(嘉賞)하게 여기노라』하시고 특별히 술을 내려 주었다. 그의 강하고 의젓하며 권세에 굴하지 않음이 이와 같았다.

이 때에 윤 필상(尹弼商)이 영상(領相)이 되어 정권을 제멋대로 휘둘렀다. 선생(先生)은 날이 가문 것을 가지고 상소(上疏)하기를 『필상을 삶아야 하늘이 비를 주실 것입니다.』라고 하였다. 필상이 길에서 만나 말하기를 『그대가 꼭 늙은이의 고기를 먹어야 하겠는가』하니 선생(先生)은 머리를 빳빳이 쳐들고 돌아보지도 않고 지나가 버렸다.

필상이 은근히 성종(成宗)께 권하여 자전(慈殿)께서 불도(佛道)에 가까이 함을 따르도록 하더니 선생(先生)이 여러 유생을 거느리고 상소(上疏)하기를 『필상이 스스로 수상(首相)이 되어 그 마음 두는 곳과 행하는 일이 간교(奸巧)하지 않음이 없으니 나랏사람으로 이목(耳目)이 있는 자는 듣지 못하는 일이 없어 일일이 적어 올리기 어렵습니다. 이제 보건대 태학(太學)으로부터 사학(四學)에 이르기까지 모든 유생이 다 그를 간귀(奸鬼)라 하니 이들도 또한 나랏사람이라 청컨대 죽이시소서!』하니 성종(成宗)께서 크게 노하시어 친히 「귀(鬼)」자의 뜻을 물으니 선생(先生)이 대답하기를 『공자(孔子)께서 말씀하시기를 「이 나라에 삶에 그 대부(大夫)를 그르다고 해서는 안 된다」고 하였거늘, 하물며 수상(首相)에 있어서겠읍니까? 신들이 존경(尊敬)할 줄을 몰라서가 아니오라 필상이 탐욕(貪慾)이 많아 재물 모으기에 힘써서 그를 논박(論駁)함이 하나가 아니니 이제 아첨하는 말을 받아들이게 하여 상(上)을 불의(不義)에로 인도하니 이를 일러서 간(奸)이라 하고 그 총애(寵愛)를 굳이 자전(慈殿)의 뜻에 억지로 따라붙이니 이를 일러서 교(巧)라 하며 행하는 바가 이와 같으면서 사람들은 모르게 하니 이를 일러서 귀(鬼)라 함이니 그 의논하는 바가 사도(斯道)에 크게 어긋나는 까닭에 신들의 말이 이에 이른 것을 깨닫지 못하였읍니다.』라고 했다. 그 언변(言辯)이 대를 쪼개는 듯하여 사람들이 그 민첩함에 감복(感服)했다. 여러 유생(儒生)들과 함께 옥에 가두니 선생(先生)이 계장(啓狀)을 올려 말하기를 『신(臣)이 한 사람의 천한 선비로서 채찍을 가진 말단 관리(官吏)라도 만나면 반드시 머리 숙여 공경해야 하거늘, 하물며 수상(首相)이리요? 신이 듣건대 고요(皐陶)가 도(道)로써 순(舜)을 섬기매 천하(天下)가 다 공경(恭敬)하는 것은 어찌 대신(大臣) 때문이겠읍니까? 순(舜)을 공경하기 때문이었읍니다. 고요(皐陶)가 만약 아첨하고 순종하기만 하여 순(舜)을 공경하기만 하고 도(道)를 따르지 않았다면 순(舜)이 비록 고요(皐陶)를 공경하나 천하(天下)가 어찌 공경하겠읍니까? 신은 항상 고요(皐陶)가 순(舜)을 섬긴 바로써가 아닌 도(道)로 임금을 섬기는 자를 나 또한 공경하고, 나의 임금께 불경(不敬)하면 나도 또한 불경합니다. 지금 수상(首相)이 진실로 임금을 공경할 줄 압니까? 전하(殿下)께서는 구궁(九宮)에 깊이 팔장끼고 앉아 계심에 진실로 그 말 길이 아니면 어찌 밖의 의논을 들을 수가 있겠읍니까? 언론(言論)이 열리고 막힘에 안위(安危)가 달려 있읍니다. 송(宋)나라 때에 축견(畜犬)으로 왕 안석(王安石)을 부름에 이르렀으니 그 대신(大臣)을 공경하지 않음이 심하였다. 그러나, 왕 안석이 백성들로 하여금 공경하지 않을 만한 자가 있어 이를 천하(天下)의 공변된 의론이라 할 것이니 누가 이런 짓을 했는가? 라고 하면 그들은 모두 백성이 이러한 것이라, 설사 그 때에 닭과 개로써 왕 안석을 부른 백성 몇 사람이 있음으로써 백성이 이러한 것이라, 설사 그 때에 이런 짓을 했던들 반드시 처음이 있어 이를 사실이 있음으로써 왕 안석의 마음은 비록 쾌할 것이나 임금에게 있어서는 이롭지 약 찾아 내어서 죽인다면 왕 안석의 마음은 비록 쾌할 것이나 임금에게 있어서는 이롭지 않을 것입니다. 임금은 사서(士庶)로써 이목(耳目)을 삼고 대신(大臣)으로써 고굉(股肱)—팔·다리)을 삼아 이에 스스로 원수(元首)가 되는 것입니다. 이목이 고굉의 허물을 보고서 원수에게 말하는 것이 어찌 원수에게 해가 되겠읍니까? 공자(孔子)께서 말씀하시기를 『나라에 도(道)가 있으면 정당한 말과 행동을 하며 나라에 도가 없으면 정당한 행동과 손순(遜順)한 말을 한다』하였으니 해석하는 자가 말하기를 『임금이 된 자 선비로 하여금 말을 손순(遜順)히 하게 하면 어찌 위태롭지 않으리요?』라 하였읍니다. 신은 다행히 도가 있는 때를 만나 마땅히 말이 손순함을 부끄러워해야 하거늘, 하물며 오도(吾道)와 이단(異端)이 소장(消長)하는 시기에 감히 정당한 말을 임금 앞에서 피하겠읍니까? 자사(子思)께서 말씀하시기를 『임금이 말을 내놓고 스스로 옳다고 함에 경대부(卿大夫)가 감히 그 잘못을 바로잡아 주지 못한다면 나라는 날로 잘못되어 갈 것이다』라고 했읍니다. 이제 전하께서 한번 호령(號令)을 내리심에 그것이 이치에 어긋남이 있으면 경대부(卿大夫)가 반드시 전하의 과실(過失)을 고치려고 할 것이요. 전하께서는 받아 들이실 것인데, 하물며 사서인(士庶人)의 열(列)에 있는 여러 유생이 대신(大臣)의 잘못을 감히 고치지 못한다면 그것이 어찌 전하의 원하는 일이겠읍니까? 옛날 송(宋)나라의 정강(靖康)과 소희(紹熙) 사이에 태학(太學)의 여러 유생이 채경사숭(蔡京史嵩)의 추함을 논하여 꾸짖어 통렬하게 논박하는 글을 올린 것은 대개 그 임금에 대한 충성(忠誠)이 강하여 채사(蔡史)의 위(位)는 다 잊었던 것입니다. 학교(學校)는 예로부터 이제까지 여러 무리들이 의논함이 있는 곳이요, 정론(正論)은 나라의 원기(元氣)라, 원기의 한 맥줄이 오히려 태학(太學)에 있으니 신(臣)의 미치고 망녕된 것이 만번 죽어도 아깝지 않으나, 깊이 나라의 원기를 위하여서는 제생(諸生)을 옥에 가두는 것을 통탄하여 마지않는 바입니다. 신(臣)이 묵묵히 있지 못하여 이 한 계사(啓辭)를 올립니다. 말이 간절(懇切)하고 뜻이 절실(切實)하여 임금을 감동(感動)시킬만 하였으나 애석하도다. 성종(成宗)께서 능히 간(諫)함을 좇을 수 없었던 사정(事情)이여, 흐르는 물과 같았도다. 상(上)이 옥에 내려 다스리려 함에 우상(右相) 허종(許琮)이 힘써 구제함에 공주(公州)에 유배되는 데 그쳤다. 이어서 사면(赦免)의 은혜를 입었다.*갑인(甲寅) 겨울에,

* 이목이 중국에 다녀 온 해가 갑인년(1494) 이다.

하정사(賀正使)를 따라 연경(燕京)에 가서 중화(中華)의 장관(壯觀)과 빛나는 문화를 보았다. 연산(燕山) 을묘년(乙卯年) 겨울에 문과(文科)에 장원(壯元)으로 급제하여 성균관전적 겸 종학사회(成均館典籍兼宗學司誨)를 제수(除授)받았고 병진년(丙辰年)에 진용교위(進勇校尉)를 제수받아 외직(外職)으로 나가 영안남도 평사(永安南道評事)가 되었고 휴가(休暇)를 하사(下賜)받아 호당(湖堂)에서 글을 읽었다. 그 때 연산(燕山)의 혼란한 정국(政局)에 소인(小人)들의 무리가 날뛰어 선생을 위태롭다고 여기더니 무오사옥(戊午史獄)에 이르러 과연 윤 필상(尹弼商)의 모함에 빠져 김 탁영(金濯纓-김 일손)과 더불어 먼저 동시(東市)의 참화(慘禍)를 입으니 이 때가 바로 무오년(戊午年) 七月 二十七일 무오(戊午)요 그 때 나이 二十八세였다. 형(刑)에 임하여 웃으면서 말하여 평일과 다름없었고 그 신기(神氣)가 평상과 같아서 스스로 절명가(絶命歌)를 지어 부르니 얼굴 모습이 조금도 움직이지 않았다. 이 날 검은 구름이 사방을 꽉 채우고 물을 붓듯이 큰 비가 내리고 거센 바람이 갑자기 일어나 나무를 꺾고 기왓장을 날리니 서울 사람과 선비와 여자들이 다리를 부들부들 떨면서 엎어지고 자빠지지 않는 사람이 없었다. 이로부터 유림(儒林)들은 기가 꺾이어 학사는 쓸쓸해져서 몇 달 동안이나 글을 외고 읽는 소리가 들리지 않았다. 갑자(甲子)에 욕됨이 무덤까지 미쳤으니 소인(小人)들이 현인(賢人)을 내침에 그 독(毒)이 바로 여기에 이르렀으니 슬프고 슬프구나!

중종 반정(中宗反正)에 이르러 원한(冤恨)을 씻고 관직(官職)을 복원(復原)시켰고 뒤에 아들의 귀(貴)로써 이조참판(吏曹參判)을 내리고 충현사(忠賢祠)에 배향(配享)하였다. 숙종(肅宗) 때 이조판서(吏曹判書)를 더해 주었고 시호(諡號)를 정간(貞簡)이라고 하사(下賜)하였다.

영조(英祖) 때는 사당(祠堂)을 옮기지 말 것을 명(命)하였다.

선생(先生)이 어렸을 적에 참판 김 수손(參判金首孫)이 대사성(大司成)이 되어 반궁(泮宮)에서 강론(講論)을 베풀었는데 선생을 보고 그 사람됨을 달리 여겨 그 딸로써 아내를 삼게 하니 김씨 부인(金氏夫人)은 성품이 효우(孝友)하고 통달(通達)하였고 선생(先生)이 비명(非命)에 간 것을 통탄하여 거의 성명(性命)을 잃을 지경에 이름이 한두 번이 아니었다.

아들을 하나 낳으니 바로 세장(世璋)이라 선생이 화를 입을 당시에 나이 겨우 두 살이 었다. 부인(夫人)은 사랑과 의방(義方)으로써 가르쳤다. 문과(文科)에 급제하여 여러 관적에서 이름을 빛내다가 관찰사(觀察使)에 이르고 청백리(淸白吏)로서 소문이 났다. 손자 다섯이 능히 그 훌륭함을 이었으니 가히 하늘이 이미 정함이 있어서 보답함에 속일 수 없음을 증험(證驗)하였도다. 선생이 지은 글이 화변(禍變)으로 흩어져서 다만 약간의 책만이 세상에 간행(刊行)되었으니 슬프도다! 선생께서 젊어서 말단(末端) 관직으로서 소인(小人) 무리의 포악한 형세와 권력층(權力層)에 대항하고 대적함에 맞부딪쳤으니 어찌 남몰래 중상(中傷)을 받아 화가 장차 미철 것을 헤아리지 못하였으리요? 그러나, 곧은 도로써 임금을 섬김에 남들보다 뛰어났으니 다만 나라를 위해 이 도를 펴할 뿐, 자기 몸이 있음을 알지 못하였다. 아마도 선생(先生)으로 하여금 남에게 알리지 않고 길러 온 덕과 가슴 속에 품은 생각을 펴게 하였다면 공훈(功勳)과 위대한 공적(功績)이 일세(一世)에 빛났을 것이나 때를 잘 만나지 못하여 마침내 참혹한 화를 입었으니 천고(千古)에 지사(志士)의 한탄을 끼치었음이여.

무릇 계곡 장 문충공(谿谷張文忠公)이 이른바 『성종(成宗) 때에 도(道)를 심어 북돋우고 어지러운 연산조(燕山朝)에 젊은 나이로 죽었다.』함이 이것이요. 청음 김 문정공(淸陰金文正公)이 말하기를 『집에 거처(居處)하여서는 착하고 착하여 화락(和樂)하나 일의 옳고 그름을 논하고 선과 악을 분별함에 이르러서는 군세고 곧아서 항상 오도(吾道)를 붙들어 세우고 이단(異端)을 물리치기를 자기의 임무로 삼았으니 그 기절(氣節)과 풍재(風裁)는 한때 사람들이 기울여 흠모하지 않음이 없었다.』고 하였다.

지재 민 충문공(趾齋閔忠文公)이 말하기를 『큰 절개를 세우고 기강(紀綱)을 붙들어서 사문(斯文)에 공이 있으니 태학(太學)을 베풀어 부자(夫子)를 높이 받든 뒤로부터 실로 우리 동방(東方)의 한 사람이라』 하였으니 선철(先哲)의 한 말씀의 중함이 족히 천추(千秋)에 전할 만하도다. 어찌 이에 군더더기 말을 덧붙이랴? 명(銘)으로써 이으니 말하되,

맵고 맵도다 정간공(貞簡公)이여! 점필재(佔畢齋) 문하의 뛰어난 제자로다.
누구와 더불어 벗하였나, 당대의 현인과 덕망 높은 자로다.
젊은 나이에 뛰어난 재질로 공부하여 태학에 으뜸이었고,
그 문장 그 풍채 도량은 그보다 나은 자가 나오지 않았네.
학문은 깊고 기상은 맑아서 일찌기 큰 뜻을 품었나니
사교(邪敎)를 내치고 정도를 지켜 나라에 충성을 다하였도다.
안과 밖 가림 없이 그 맡은 바를 오직 잘 해내고
바른 모습으로 조정에 서면 간흉들이 눈흘겨서
엿보아 기회잡아 얽으니 혹심한 화액으로 몰려 버렸네.
뒷날 오래도록 천백 년이 가도록 뜻있는 선비 슬퍼하더니
재차로 천거하여 종사의 사당에 제사 지내게 되었네.
중종이 옥좌를 바로잡아 여러 성군이 이어내려
그 충성을 포상하고 덕을 갚으니, 충현서원(忠賢書院)에 제향하고 사당에 모시어 옮기지 않으니라. 아아! 훌륭한 명예여!
책에다 적어서 그 한 모습을 돌아보게 하여 슬픈 노래의 주인이 남긴 것을 대대 세손
이 집안 규범으로 베풀어서 이에 그 위대한 업적을 드러내어 여러 사람의 눈으로 밝게
그 참된 기상을 영원히 보게 함이로다.
오호, 선생의 풍채여! 우뚝하도다 계룡산이여. 높은 산과 같고 끊임없는 물과 같도다.
높고 높은 하늘이여. 금강은 양양하도다.

충현서원 중수기 (忠賢書院重修記)

① 이 정구 (李廷龜)

계룡산(鷄龍山)이 양호(兩湖)의 사이에 서려 있어 그 둘레에 고을이 많지마는 공주(公州)가 실로 으뜸이니, 산기(山氣)가 모여 뭉친 것과 ②지령(地靈)의 아름다운 정기를 받음을 공주(公州)는 모두 온전히 간직하고 있으므로, 계룡산의 승경(勝景)과 인물(人物)의 번성(繁盛)함은 한 도(道)에서 가장 뛰어났다. 산의 한 갈래가 서북(西北)으로 달리다가 우뚝하게 봉우리를 이루었으니, 그러한 것을 가리켜 고청봉(孤靑峯)이라 함에 고청봉 아래는 넓은 들판을 이루고, 물은 괴어서 큰 못을 이루고 산은 깎이어 절벽(絶壁)을 이루어 긴 가람 이어지며, 백사(白沙)는 펼쳐지고 기암(奇巖)은 은연(隱然)히 모여 있는 곳에 뭇 승경(勝景) 중 한 구역(區域)이 있으니 공암(孔巖)이라. 서씨(徐氏)가 비로소 거처(居處)하니 그의 이름은 기(起)라 하였다. 그가 이 산에서 살았으므로 스스로 호(號)를 고청(孤靑)이라 하니, 넓게 배우고 지조(志操)를 지켜 그 가운데 의(義)를 행함에 고을의 선비와 멀고 가까운 곳의 배움에 뜻을 둔 사람이 다투어 달려왔다. 이에 강당(講堂)을 못 아래에 지어서 이름하기를 박약당(博約堂)이라 하고, 양쪽에 서당(書堂)을 벌려 지으니 동쪽은 진수(進修)요 서쪽은 천리(踐履)이라. 또 서로 의논하기를『경개가 아름답고 강당이 아름다우나 선철(先哲)이 계시지 않으면 무엇을 본받을 것인가?』하니,

고려조의 이 정언(李正言―存吾)과 본조(本朝―李朝)의 이평사(李評事―穆)와 성동주(成東州―悌元)가 모두 일대(一代)의 위인(偉人)이요, 곧 우리 고향의 선생이며, 또한 주부자(朱夫子)를 주로 받드는 여러 어진 사람이 사도(斯道)에 가장 큰 공(功)이 있으니, 어찌 사당(祠堂)을 지어 높이 받들어서 의지할 곳으로 삼지 않으리요? 드디어 주부자(朱夫子)를 주석(主席)으로 제사 올리고 세 선생을 배향(配享)하기 위해 강당의 북쪽에 사

당(祠堂)을 세웠더니 이것이 어쩐 일인가, 임진병란(壬辰兵亂)으로 불타서 폐허(廢墟)가 되었도다. 이번 상감(上監)께서 즉위(卽位)한 원년(元年)에 조 후진(趙侯振)이 이 고을에 부임(赴任)하여 내려와서 배움을 일으키고 선비를 권장함으로써 마음에 중점으로 삼아, 이에 대부(大夫)와 선비를 모아 말하기를 『고을의 학궁(學宮)은 이미 거듭 새로 되었으나 많은 선비가 어진 사람을 존경하는 뜻이 여기에 그쳐서 되겠는가? 공암에는 원래 서원(書院)이 있었는데 지금은 없으니 어찌 이 고을 주인(主人)의 책임이 아니겠는가?』라 하고서, 드디어 재목(材木)과 양식(糧食)을 보내어 서둘러서 거듭 집을 지으니, 전 도사 박노(前 都事 朴輅)는 행실이 돈독한 사람이라 제생(諸生)이 천거하여 원장(院長)으로 삼으니, 성실하게 일에 임하여 다음다음 해에 공사(工事)가 끝났도다. 만력 임자 중추(萬曆壬子仲秋).

이하(以下)는 생략함.

① 이정구(李廷龜)…이조 인조 때의 상신(相臣). 문장가(文章家). 호는 월사(月沙). 연안(延安) 사람. 인조 六년에 좌의정(左議政)이 되었음. 시호는 문충(文忠). 저서에 월사집(月沙集), 서연강의(書筵講議), 대학강의(大學講議) 등이 있음.

② 지령(地靈)…㉠ 토지의 정령(精靈). 토지를 신앙의 대상으로 삼는 것인데 원시 민족에서 볼 수 있음. ㉡ 땅의 영기(靈氣). 인걸(人傑)은 지령(地靈)이란 말이 있음. 왕발(王勃)의 등왕각 서문(滕王閣 序文)에서 나온 말.

■ 한재의 풍류시

영화안(詠畵鴈) 그림으로 그린 기러기를 읊다.

철새 한 마리 기러기 평평(平平)한 물가에 떨어지니
길게 갈대꽃을 대함에 별달리 가을이 있구나.
도량(稻粱)을 먹다가 그물에 걸릴 것도 돌아보지 않고
상림에서 보낸 편지 꿈속에 다짐하네.

※ 상림(上林∷한 무제(漢武帝) 때의 원명(苑名), 흉노에 억류되었던 소 무(蘇武)에 보내는 편지)

유백마강(遊白馬江) 백마강에 놀다.

우연(偶然)히 현인(賢人)을 따라 저 멧부리에 오르니
손(客) 가운데서 담소(談笑)하며 한바탕 만나 지내게 되었네.
백마강(白馬江)은 천 년(千年)의 한을 머금고 흐르며
황화주(黃花酒)는 구 일(九日)의 향기를 풍기네.
홀연히 ① 신정(新亭)을 생각하니 지난 일이 아니요
가히 쇠잔한 성곽(城郭)에서 또 석양빛을 바라보네.
술취한 기분을 타고 하늘가 기러기를 바라보고자 하니
가을 바람을 괴롭게 입어 행하지 못하네.

① 신정(新亭)∷강소성(江蘇省)에 있다. 또 임창관(臨滄觀)이라 하는데 오(吳)나라 때 지었고, 동진(東晉) 초에 제명사(諸名士)가 매양 여기에서 술 마시고 놀았다.

차운오수(次韻五首)

을묘(乙卯) 봄, 공주(公州)에 귀양가

계수나무 돛과 목난(木蘭)의 노와 푸른 옥 낚싯대를 벗삼으니
봄바람이 느지막하게 흰 갈매기 날아드는 여울에 머무는구나
구름이 걷히니 거울 같은 수면(水面)엔 햇빛이 젖어 있고
산이 거꾸로 비치니 고기 머리엔 꽃그림자가 남아 있구나
햇빛을 뚫는 일편단심(一片丹心)은 북궐(北闕)에 달려 있고
강을 가로질러 나는 외로운 학은 ②남관(南冠)을 노략질하는도다.
우리는 이미 거듭 영화(榮華)로운 세상(世上)을 만났으니
어느 곳 ③강호(江湖)엔들 기쁘지 아니하랴?

다락이 누르는 긴 강엔 사오 명(四五名)의 낚싯군이요
맑은 바람이 부는 ④주하(朱夏)엔 물결이 여울같구나
⑤악양루(岳陽樓)에는 귀양살이하는 사람과 시인(詩人)이 가고
⑥등왕각(滕王閣)에는 떨어지는 저녁놀과 외로운 따오기만이 남아 있구나.
푸른 물에는 거울 같은 밝은 달이 비치고
푸른 산 머리는 흰구름 갓을 썼구나.
내가 왔다가 나를 잊고 돌아갈 줄을 모르니
어찌 인간(人間)의 슬픔과 기쁨을 알겠는가?

흥겹게 강 위에 와서 고기 낚싯대를 던지고
손과 함께 술마시니 입에 여울 소리 나는구나.
분수대로 고기잡고 나무함에 시흥(詩興)이 치솟고
버릇대로 산수(山水-자연)를 즐김에 세상 인연이 멀어졌구나.
③사안(謝安)은 곧 긴 바다를 건너고자 하는데
두 목(杜牧)은 어찌 술취한 갓으로 거꾸러짐을 꺼리는가?
시골 술이 익을 땐 모름지기 배 띄우기를 재촉하니
백 년(百年) 동안 인생은 괴로움이 많고 기쁨이 많지 않구나.
⑩야인(野人)은 어찌하여 ⑪위수(渭水)에 낚싯대를 푸는고
다만 맑은 강물이 달빛 아래 여울짐을 사랑함이로다.
⑫엄자(嚴子)의 양 갖옷은 봄에도 벗지 않았고
⑬소선(蘇仙)의 학 꿈은 새벽녘에도 남아 있도다.
가슴 가운데는 다만 돌리기 어려운 쓸개가 있고
머리 위에는 오로지 가히 걸어 놓을 갓이 없도다.
물을 좋아하여, 만약 선성(先聖)의 뜻을 알 것 같으면
⑭베옷을 ⑮비단옷의 기쁨과 바꾸지 않으리라.

평강(平江)에 이 태백(李太白)은 붓을 낚싯대 같이 잡았고
⑯적벽강(赤壁江)에 소 동파(蘇東坡)는 시 읊기를 여울같이 하였네.
두 세상의 영웅(英雄) 호걸(豪傑)은 새처럼 지나갔으나
천년에 전하는 시부(詩賦)는 잇는 사람이 남아 있네.
중류(中流)의 강물 위에 달을 사랑해 종이에 가득 시를 짓고
해질 무렵에 난초를 꺾어서 갓에 가득 꽂았네.
견우(牽牛) 직녀(織女)와 더불어 기뻐하네.

〈잃어버린 구(句)〉

① 차운(次韻)…남의 시운(詩韻)을 써서 시(詩)를 지음.
② 남관(南冠)…정인(鄭人)이 초(楚)나라 죄인을 남관(南冠)을 쓰고 있었으므로 죄수(罪囚)를 남관(南冠)이라 함.
③ 강호(江湖)…강과 호수. 곧 자연(自然).
④ 주하(朱夏)…여름 주명(朱明).
⑤ 악양루(岳陽樓)…악주부(岳州府) 부성(府城) 서문(西門)의 누각(樓閣) 시인(詩人)·묵객(墨客)들이 모이던 곳.
⑥ 등왕각(滕王閣)…중국 강서성(江西省) 신건현(新建縣)의 서쪽 장강문(章江門) 위에 있는 건물. 당(唐)의 등왕(滕王) 이원영(李元嬰)이 세움. 왕 발(王勃)이 지은 서문(序文)과 한 유(韓愈)가 지은 기(記)가 있어 유명함.
⑦ 포준(匏樽)…박으로 만든 술 단지.
⑧ 사안(謝安)…진(晉)의 명신(名臣). 자는 안석(安石). 시호는 문정(文靖). 무제(武帝) 때 중서감(中書監)이 되어 건창현공(建昌縣公)에 책봉(冊封)되었으며, 죽은 뒤 태부(太傅)에 추증(追贈)되었으므로 사태부(謝太傅)라고도 일컬음.
⑨ 만당(晚唐)의 시인(詩人). 그의 시(詩)는 두 보(杜甫)와 비슷함. 소두(小杜)라 함.
⑩ 야인(野人)…벼슬하지 않은 사람. 옛날에 태공망(太公望)이 때를 기다리며 낚시질한 곳으로 유명함.
⑪ 위수(渭水)…중국 감숙성(甘肅省)에 있는 강 이름.
⑫ 엄자릉(嚴子陵)…이름은 광(光). 후한 때 벼슬이 없는 선비. 백의(白衣)·백포(白布)로 좋게 부르는 청호.
⑬ 소선(蘇仙)…소 식(蘇軾)·소 동파(蘇東坡)를 이름.
⑭ 포의(布衣)…벼슬한 사람.
⑮ 비단옷(錦衣)…출세(出世)한 사람.
⑯ 적벽강(赤壁江)…중국 호북성 황강현(黃岡縣) 성 밖에 있는 명승지(名勝地). 송(宋)의 소 동파(蘇東坡)가 적벽부(赤壁賦)를 지은 곳으로 유명함.

칠보정 상련사(七寶亭 賞蓮詞)

칠보정(七寶亭)은 함흥(咸興)에 있으며, 공(公)이 남도 평사(南道評事)로 있을 때, 도사(都事)인 이 주(李胄)와 더불어 노래부르고 화답(和答)함. 이 주(李胄)의 자(字)는 주지(冑之)임.

◇ 주지(冑之) 『이 정자(亭子)에 올라서 오만(傲慢)하게 머물러 있음이여, 잠깐 동안 기쁨을 탐함이 아니라 오랫동안 머물러 있고 싶구나!』

□ 중옹(仲雍) 『연꽃 향기의 ①복욱(馥郁)함이 있음이여, 참으로 군자(君子)의 좋은 짝이로다!』

◇ 주지(冑之) 『옛 사람을 ②염락(濂洛)에 추모(追慕)함이여, 그대를 맞이하여 수레채를 머물게 하였도다!』

□ 중옹(仲雍) 『오직 나의 뜻을 닦지 않음이여, 정신(精神)을 천고(千古)에 마음껏 펼쳐 보고 싶구나!』

◇ 주지(冑之) ─ 한 구절(句節)을 잃었음 ─.

□ 중옹(仲雍) 『앞뒤의 한 마음을 앎이여, 원컨대 이것으로 인하여 도(道)를 찾고 싶구나!』

◇ 주지(冑之) 『공자(孔子)와 도척(盜跖)의 닭이 울어 ③자자(孜孜)함이여, 무릇 오직 착함과 악함이 나누어지는도다!』

□ 중옹(仲雍) 『비록 전현(前修 : 前修 楚辭 : 謇吾法夫前修兮)을 보지 못하나, ④육예(六藝)의 남은 향기를 숭상(崇尙)하는도다!』

◇ 주지(胄之) 『장차 서여(緒餘)를 생각하여 탄식(嘆息)을 함이여, 군(君)은 나를 북문(北)만났도다!』
◇ 중옹(仲雍) 『혼(魂)은 이미 머나먼 물가에 다달았음이여, ⑥연하(煙霞)의 푸르고 아득함을 두루 구경하는도다!』
◇ 주지(胄之) 『버드나무 언덕은 변하여 섬이 됨이여, 하늘 바람은 시원하게 불어 서늘함을 드리는도다!』
◇ 중옹(仲雍) 『이미 허리에 차고 다니는 ⑦패수(佩綬)를 풀고 서로 즐김이여, 또 어찌 칠택(七澤)과 삼상(三湘)을 부러워하랴.』
◇ 주지(胄之) 『홀로 그대는 북쪽에 나는 남쪽에 있음을 한탄함이여, 어찌 ⑧왕사(王事)가 ④미고(靡盬)함인고?』
◇ 중옹(仲雍) 『마음을 한 가지로 할 것을 힘썼으나 거처(居處)함을 달리함이여, 흰 구슬을 나눠 가지고 ⑩폐부(肺腑)에 간직하였도다!』

① 복욱(馥郁)…향기(香氣)가 높은 모양.
② 염락(濂洛)…중국 염계(濂溪)에 주돈이(周敦頤)의 고향(故鄕)과 낙양(洛陽)에 있었던 정호(程顥)와 정이(程頤)의 고향(故鄕).
③ 자자(孜孜)…부지런히 힘쓰는 모양.
④ 육예(六藝)…㉠예(禮)·악(樂)·사(射)·어(御)·서(書)·수(數). ㉡역(易)·서(書)·시(詩)·춘추(春秋)·예(禮)·악(樂).
⑤ 전광(顚狂)…미치광이. 정신 이상이 생김.
⑥ 연하(煙霞)…㉠봄안개. ㉡보얗게 피어 오르는 안개. ㉢산수(山水)의 경치(景致).
⑦ 패수(佩綬)…인(印)끈을 지님.
⑧ 왕사(王事)…㉠임금의 사업(事業). ㉡왕실(王室)에 관한 일.
⑨ 미고(靡盬)…편하지 않고 느슨함. ㉠임금이 명령(命令)하는 노역(勞役). ㉡천척(親戚). ㉢긴요(緊要)한 곳.
⑩ 폐부(肺腑)…㉠마음 속.

* 앞글의 '중옹'은 한재 이목의 자(字)이고, '주지'는 김종직의 문인으로 한재와 무척 친밀했던 '李胄(1468~1504)'의 자이다.

* 원문 ; "知前後之一心兮 願因斯而求道". '앞뒤'는 앞서거나 뒤 이은 성현을 말하며, 이 글에 한재의 '一心'사상이 나타난다.

이주는 정언(正言)으로 있다가 1498의 무오사화로 진도에 유배되고 1504년 갑자사화 때 사형되었다. 그는 유배지에서 세상 살아갈 뜻을 잃었으나, 금골산(金骨山)에 있는 폐허인 굴 속 암자 불전을 고쳐 시자와 기거하면서, 조석으로 '茶一椀'을 마시고 자연 속 운치를 즐겼다는 기록이 있다.(『忘軒遺稿』) 그는 다음의 차 시도 남겼다.

「망해사(望海寺)」
산 지형이 자라등골 모양이라 패인 곳을 건너니
회오리바람에 경쇠 소리 나고 가까이 천상계라네.
아침 해는 붉게 황해 바다에서 솟아오르고
갠 하늘은 무산마을의 흰 구름을 끌어당기는구나.
박쥐 우는 기운 탑은 천 년된 굴이요
거북등의 낡은 비석엔 태고의 글씨 있네.
일곱 근 헤진 옷 입은 스님은 이야기가 좋아서
차 끓여 재차 또 마시느라 가야할 당나귀를 세워두었네.
山根鼇脊地凌虛　一磬飄聲近帝居.
朝日噴紅跳渤澥　晴雲拖白出巫閭.
蝙鳴側塔千年穴　龜負殘碑太古書.
穿衲七斤僧話好　點茶聊復駐征驢.

앞에서 연꽃을 감상하며 두 다인이 참된 풍류를 즐긴 칠보정도 찻자리였을 것이다.

한재 풍류시의 원문

詠畫鷹 此下二首在箕雅中故追錄添入

隨陽一點落平洲 長對蘆花別有秋 羅網稻粱皆不顧 上林傳札夢中謀

遊白馬江

偶逐諸賢陟彼岡 客中談笑一逢場 江流白馬千年恨 酒泛黃花九日香 忽覺新亭非往事 堪殘郭又斜陽 棄醺欲望天邊鴈 苦被秋風不作行

次韻五首 乙卯春論公賜時

桂棹蘭槳碧玉竿春風晚泊白鷗灘雲收鏡面
天光濕山倒魚頭花影殘貫日片心懸北闕
橫江孤鶴掠南冠此生已過重華世何處江湖
不可歡
樓壓長江四五竿清風朱夏汹如灘岳陽遷客

人去滕閣落霞孤鶩殘碧水面當明月鏡青
山頭戴白雲冠我來忘我不歸去豈識人間悲
與歡
興來江上擲魚竿屬客䕫夔口轉灘分到漁樵
詩興劇癖成山水世緣殘謝安卽欲駕長海杜
牧何嫌倒醉冠村酒熟時須促泛百年多苦不
多歡

野人那辨渭川竿但愛清江月下灘嚴子羊裘
春來脫蘇仙鶴夢曉初殘宵中只有難回膽頭
上專無可掛冠樂水若知先聖吉布衣不易錦
衣歡

平江太白筆如竿赤壁東坡吟似灘兩世英豪
如鳥過千年詩賦續人殘中流愛月題盈紙落
日採蘭插滿冠　　　去牽牛織女與
之歡

七寶亭賞蓮辭 七寶亭在咸興公南道評事時與都事李冑唱和冑字冑之

兹亭而寄傲兮匪耽而淹留 胃有荷香之

馥郁兮實君子之好述 雍追古人兮濂洛之趣

夫君今停軿之 胃惟余志之未修兮聘精神於千

古 旬失一知前後之一心兮願因斯而求道 仲雍

孔跡鷄鳴而孜孜兮夫惟善惡之分也 胃雖前

脩之莫見兮尚六藝之餘芬 仲雍將緒餘而發歎

今君獨我兮壯門 胃鐵嶺峨峨而造天兮戀君

親而南望 雍仲況期遊於江亭兮値急用之顛狂

之魂已逝於極浦兮周流乎煙霞之蒼茫 仲柳

岜没而爲島兮天風爽而納涼 胃旣鮮佩而相

樂兮又何七澤與三湘 雍仲獨恨夫君北而我南

今豈王事之靡監 胃勉同心而異居兮分白璧

而肺腑

■ 사호도(四皓圖) 조선시대 (온양민속박물관 소재)

원본과 색인

- 『茶賦』원본 · 248
- 『虛室生白賦』원본 · 256
- 색인 · 261

『茶賦』원본

茶賦并序

凡人之於物或玩焉或味焉樂之終身而
無厭者其性矣乎若李白之於月劉伯倫
之於酒其所好雖殊而樂之至則一也余
於茶遇乎其莫之知自讀陸氏經稍得其
性心甚珍之昔中散樂琴而賦彭澤愛菊
而歌其於微尚加顯矣況茶之功最高而
未有頌之者若廢賢焉不亦謬乎於是考

其名驗其產上下其品為之賦或曰茶自
入稅反為入病予欲云云乎對曰朕然是
豈天生物之本意乎公也非茶也且余有
疾不暇及此云其辭曰

有物於此厥類孔多曰茗曰荈曰蔎曰蔆仙
雷鳴鳥嘴雀舌頭金蠟面龍鳳召的山提勝金
靈草薄側仙芝嬾蘂運慶福祿華英來泉翎毛
指合清口獨行金茗玉津雨前雨後先春早春
進寶雙溪綠英生黃或散或片或陰或陽含天
地之粹氣吸日月之休光其壤則石橋洗馬太

湖黃梅羅原麻步婺處溫台龍溪荊峽杭蘇明
越商城王同興廣江福開順劍南信撫饒洪筠
哀昌康岳鄂山同潭鼎宣歙鴉鍾蒙霍蟠抵丘
陵之厚揚柯雨露之澤造其處則硔峓竭嶱嶮
巀屼嶂峉崱嵒嵣塘嶸峛崛呀然或放懋然或
絕崦然或隱鞠然或窄其上何所見星斗咫尺
其下何所聞江海吼礮靈禽兮孅觛異獸兮挐
攫奇花瑞草金碧珠璞犛䨱蘉礨磊落落徒
盧之所趨趲魋魁之所逼側於是谷風下起北
斗轉璧冰胖黃河日躔青陸草有心而未萌木

歸根而欲遷惟彼佳樹百物之先獨步早春自
專其天紫者綠者青者黃者早者晚者短者長
者結根竦幹布葉垂陰黃金芽兮已吐碧玉蕤
兮成林晻曖荟蔚阿那嬋媛翼翼焉與焉若
雲之作霧之興而信天下之壯觀也洞嘯歸來
薄言采擷之持之負且載之挈玉甌而自濯
煎石泉而旁觀白氣漲口夏雲之生溪巒也素
濤鱗生春江之壯波瀾也煎聲颭颭霜風之嘯
箕栢也香子泛泛戰艦之飛赤壁也俄自笑而
自酌亂雙眸之明滅於以能輕身者非上品卽

能掃痾者非中品耶能慰悶者非次品耶乃把
一瓢露嗖脚陋白石之煮擬金丹之熟啜盡一
椀枯腸沃雪啜盡三椀爽魂欲仙其三椀也病
骨醒頭風痊心兮若魯叟抗志於浮雲鄒老養
氣於浩然其四椀也雄豪發憂忿空氣兮若登
太山而小天下疑此俯仰之不能容其五椀也
色魔驚逭饕尸盲聾身兮若雲裳而羽衣鞭白
鸞於蟾宮其六椀也方寸日月萬類邋籧神兮
若驅巢許而僕夷齊揖上帝於玄虛何七椀之
未半鬱清風之生襟堂閬兮孔通隔蓬萊之

蕭森若斯之味極長且妙而論功之不可闕也
當其涼生玉堂夜闌書榻欲破萬卷頤刻不輟
董生唇腐韓予齒豁靡爾也誰鮮其渴其功一
也次則讀賦漢宮上書梁獄枯槁其形憔悴其
色腸一日而九回若火燎乎膈臆靡甯也誰叙
其蠻其功二也次則一札天頒萬國同心星使
傳命列俠承臨揮讓之禮既陳寒暄之慰將訖
靡甯賓主之情誰愜其功三也次則天台幽
人青城羽客石角噓氣松根鍊精囊中之法欲
試腹內之雷下哆靡爾也三彭之蠱誰征其功

四也次則金谷罷宴兔園回轍宿醉未醒肝肺若裂靡甯也五夜之醒誰較爲輟醒使君〔自註唐人以茶其〕功五也吾然後知茶之又有六德也使人壽修有帝堯大舜之德焉使人氣清有伯夷楊震之德焉使人病已有俞附扁鵲之德焉使人仙有黃帝老子之德焉使人禮有姬公仲尼之德焉斯乃玉川之所嘗贊陸子之所嘗榮聖俞以之了生曹鄴以之忘歸一村春光靜樂天之心機十年秋月却東坡之睡神掃除五害淩厲八真此造物者之盖

有幸而吾與古人之所共適者也豈可與儀狄
之狂藥裂腑爛腸使天下之人德損而命促者
同日語哉喜而歌曰我生世兮風波惡如志乎
養生捨汝而何求我攜爾飲爾從我遊花朝月
暮樂且無歎傍有天君懼然戒曰生者众之本
众者生之根單治內而外凋瘁著論而蹈艱咎
若泛虛舟於智水樹嘉穀於仁山神動氣而入
妙樂不圖而自至是亦吾心之茶又何必求乎
彼也

永州蛇賦

『虛室生白賦』 원본

虛室生白賦 幷序

儒必斥莊子爲其說之恠也或有不恠者
則聖賢必不棄矣況如吾者乎其人間世
篇虛室生白之說不恠矣要其歸則猶孟
子之言浩然朱子之言虛靈不昧也客有
詰余者旣以此答且自觧曰夫虛室則能
白白者虛之所爲也以之爲形容心體之
本明者莫切焉於是賦之由細而及大據
顯而喻微以自省焉雖然莊生非吾徒也

特取其說而寫言豈所謂惡而知其善之
類耶其詞曰

悶余生之愚昧兮索玄妙於虛靈迷所止而奚
定兮靜收視而反聽方羣動之潛息兮元隱几
猶枯木俄疎櫺之得月兮炯吐輝之盈室詠乎
予之思玄兮誦南華之生白縱神馬以騁邁兮
吾馬薾乎一畝賦九天之間閭兮屹崢嶸乎星
斗洞中門以喻微兮小有曲則入知然不快於
觀覽兮吾將去此而遯之嵬嵬乎宇宙之大兮
能博厚而高明無雲霓之纖礙兮有風月之雙

清矣揭揭于中立兮紛上下而求索何聲臭之
靡接兮俛鳶魚之飛躍茲足爲妙觀兮樂莫
大於及身天君引余而復初兮將吾造此經綸
會神明之主宰兮潛廣居之昭晣門玄牝以出
入兮合自然爲城郭日益爲吾之虛室兮中積
然而無累苟不私於方寸兮極高明乎天地縱
明德之復明兮奄發輝之難狀懼昭昭之易暗
兮爇禮火而燭幽警一物之來接兮灑智水以
掃除所以樂天而知命兮閑利欲之邊篠爀英
華之益粹兮雖曰虛而爲盈虛者能盈而盈者

不能虛兮吾聞之於考亭儼十手之攸指兮孰
云幽之可欺伊尹之守拙兮躡玄機之無爲伯
夷之餓於西山兮光與日而爭磨匪杜屋之重
茅兮百風雨其誰何是猶秉燭而夜途兮身挋
昧而愈光明已明而逮民兮曰堯舜與禹湯獨
箕山之遠覽兮捨風飄而洗耳豈厥本之有二
兮蓋至極則皆理窺聖門之多賢兮惟庶幾者
顏氏默終日而如愚兮樂仲尼之日月嗟至入
之云遠兮正路鬱其茅塞誰不出乎斯戶兮一
何迷其南北幸閩洛之有人兮開先哲之未發

吟春草於窻前兮目秋雲乎天末精通靈而感
物兮神動氣而入妙盍吾書紳而佩服兮期屋
漏之無愧方歸一而視萬兮何豪眞而省僞世
固紛外而遺内兮競圖邪而斷朴詞異説之紛
靡兮反聲瞽其耳目雄守玄而逐貧兮愈處窮
而思送既不能以無物兮謂吾中之空洞孰超
然而反本兮其夢亂日天造草昧立
性命兮人於其間獨也正兮胡爲逐末困風塵
兮黃粱未熟白髮新兮回首人間底事眞兮孔
稱浮雲孟浩然兮卓彼先覺明此天兮敬以守
之誠爲主兮全天下人勞且苦兮胡不歸來室

猶古兮

색 인

ㄱ

가 檟 77
가섭암 迦葉庵 62
가수 佳樹 98
각다 榷茶 62 81 89
각다고 榷茶考 27
갑자사화 甲子士禍 35 63 243
강남 江南 87 89
강절 江浙 87
강혼 姜渾 61
개순(구) 開順(口) 88 89
건차 建茶 81
건주 建州 81
검남 劍南 88 89
검덕 儉德 29
경합 慶合 83
고정 考亭 182 183
고황 顧況 23
곡우차 穀雨茶 85
공다 貢茶 81
곽산 霍山 89
관락 關洛 190 191
광덕군 廣德軍 87
구 甌 23 62 65 104 105 111
권근 權近 19 35 57 58
권오복 權五福 34
균주 筠州 89
금곡원 金谷園 135
금골산 金骨山 63 243
금부 琴賦 22 73

금명 金茗 81-83
기다 記茶 26
기산 箕山 186 187
길재 吉再 10 38 40 57
김굉필 金宏弼 31 60
김극성 金克成 61 63
김명희 金命喜 27
김상헌 金尙憲 64 65
김수손 金首孫 31 33
김시습 金時習 13 19 50 61 63
김육 金堉 26 64 65
김일손 金馹孫 31 33 34 39 61 62
김장생 金長生 54 66
김종직 金宗直 9 19 31 33 34 38
　39 46 55-61 63 67 76 97
　159 160 243
김창집 金昌集 36 66
김흔 金訢 61 62

ㄴ

나원 羅原 86 87
난새 117 125
남강군 南康軍 89
남다(시) 南茶(詩) 27
남유가명부 南有嘉茗賦 24
남화경 南華經 163 171
남효온 南孝溫 31 57 61 159 160
납면(차) 蠟面(茶) 78 79 81
내천 來泉 82 83

원본과 색인 265

노동 盧仝(同) 22 62 121-125 141
노수 魯叟 112 113
노자 老子 41 51 139 160 191 195
녹영 綠英 84 85
녹합 祿合 83
논어 論語 50 53 113 151
뇌명 雷鳴 78-81 89
눈예 嫩蘂 82 83

ㄷ

다가 茶歌 20 23 27 121
다경 茶經 10 23 29 73 79 80
  87 89 107 115 135
다도 茶道 9-13 19 20 26 46
  49 51-54 66 67 69 76 131
  146 154
다림 茶林 20 69 92 93 97
다법수칙 茶法數則 27
다서 茶書 9 12 20 22 24-27
  29 45 63 65 76 81 107
다설 茶說 27
다시청 茶時廳 60
다신계절목 茶信契節目 27
다약설 茶藥說 27
다쟁 茶鐺 62 65
다조 茶竈 25 60
다조 茶條 27
다창위 茶槍慰 26 64
단약 丹藥 41 111 151

담주 潭州 83 89
도다변증설 茶茶辨證說 26
도연명 陶淵明 73 76
도잠 陶潛 → 도연명
독행영초 獨行靈草 82 83
동다송 東茶頌 10 22 25 26 135
동생 董生 126 127
두금 頭金 78 79 81
두보 杜甫 41 185 195
두육 杜毓 23
등용인재책 登庸人才策 40 45 46

ㅁ

마단림 馬端臨 81
마보 瘐步 86 87
매요신 梅堯臣 24 141
맹간의 孟諫議 122 123
명 茗 11 19 23-25 60-63 65
  66 78-83 113 160
명덕 明德 10-12 41 44 45
  48-52 157 165 180 181 183
  187 195 199
명주 明州 87
명화 茗花 65
모문석 毛文錫 80 81 89
몽산 蒙山 80 89
묘경 妙境 49 50 151 193
묘지명 墓誌銘 40 54 64
묘표음기 墓表陰記 65

무오사화 戊午士禍 19 34-36 39
  62 63 243
무주 婺州 87
무주 撫州 89
미지 微之 30

ㅂ

박영보 朴永輔 27
박측 薄側 82 83
방촌 方寸 118 178
백거이 白居易 89 141
백석 白石 41 110 111
백이 伯夷 41 51 52 119 125
  136 137 139 158 184 185
  195
범중엄 范仲淹 31 40 41
범해 각안 梵海 覺岸 27
벽송정 碧松亭 32
복건 福建 87 183
복합 福合 83
봉래산 蓬萊山 121-123 125
봉(차) 鳳(茶) 78 81
부운 浮雲 112 113 158 198 199
부전 浮田 37
부풍향다보 扶風香茶譜 27
북두 北斗 95 98 99 173
빈주 賓主 130

ㅅ

사 辭 27 28 63 73 78 79 197
사무사 思無邪 67
사현부 思玄賦 160 171
사현사 四賢祠 54
사호 四皓 52 136 137 139
산동 山同 88 89
산정 山挺 82 83
산차 散茶 81 85 87 91
삼도부 三都賦 31
삼팽 三澎 132 133
삼품 三品 20 69 104
상성 商城 86 87
상제 上帝 51 118 119 125 158
상품 上品 59 85 108 109 111
생사당 生祠堂 39
쌍승 雙勝 84 85 208
생황 生黃 81 84 85
서거정 徐居正 19 35
서유구 徐有榘 25 26
석각 石角 132
석교 石橋 86 87
석유 石乳 79
석천 石泉 104 105
선인장(차) 仙人掌(茶) 79 80 87
선주 宣州 89
선지 仙芝 82 83
선춘 先春 83-85 91
선탑 禪榻 63
설수차 雪水茶 60

설유(차) 雪乳(茶) 61 62 65
성유 聖兪 → 매요신
성종 成宗 21 28 31-36 46 58
성현 成俔 39 60
성희안 成希顔 36
세마 洗馬 86 87
센리큐 千利休 10 54
소동파 蘇東坡 27 76 107 141
소보 巢父 51 119 125 158 187
소식 蘇軾 → 소동파
소주 蘇州 87
손대수 孫大綬 24
송규문 送窺文 160 195
송근 松根 132
송병화 宋炳華 22
송준길 宋浚吉 54
수기 粹氣 84 85
수신 睡神 140
수주 壽州 89
숙제 叔齊 119 158 185
순 舜 136 137 186 187
승금 勝金 82 83
신 神 11 23 28 50 118 121
   125 140 152-154 158 172
   173 178 179 190 191
신도비 神道碑 39
신명 神明 153 178 179
신선 神仙 62 111 113 121
   123 125 133 139
신영희 辛永僖 60
신위 申緯 27

신주 信州 89
신헌구 申獻求 27

ㅇ

아주 雅州 89
악주 岳州 83 85 89
안응세 安應世 60
안종수 安宗洙 26
안회 顔回 13 41 163 171 189 195
야마노우에노소지 山上宗二 54
양로례 養老禮 38
양생론 養生論 151 154
양옥 梁獄 129
양웅 揚雄 41 55 160 195
양진 楊震 52 136 137 139
엄천사 嚴川寺 58 60 61
영모 翎毛 82 83 → 황령모
영초 靈草 82 83
영휘 令暉 23
예 禮 41 44 139 181 183
예안 김씨 禮安 金氏 37
오공 五功 20 69 126 139
오비법 五沸法 61 63
오숙 吳淑 23
오위 五緯 44
오해 五害 142 143
옥구 玉甌 104
옥당 玉堂 126 127
옥진 玉津 82 83

옥천자 玉川子　122 123 125
온주 溫州　87
왕동 王同　86 87
왕수인 王守仁　46
요 堯　50 119 136 137 186 187
용계 龍溪　86 87
용단병차　60
용차 龍茶　63 79 81
우전 雨前　84 85 91 109
우후 雨後　84 85 91
운합 運合　83
원주 袁州　87 89
원천석 元天錫　57 81
월궁 月宮　117
월주 越州　23 87
유령 劉伶　71
유부 兪跗　52 136 137 139
유원총보 類苑叢寶　25 64 65
유집 柳楫　26
유호인 兪好仁　60-62
육구연 陸九淵　46 47
육덕 六德　20 51 69 120 131 136 139
육왕학 陸王學　12 47 49 56
육우 陸羽　10 19 22 23 29 62 73 79 80 87 89 105 107 115 135 141
육의 六義　27
윤필상 尹弼商　32 33 36
윤형규 尹馨圭　27
읍양지례 揖讓之禮　130

의 義　9 35 41 44 45 51-53 139
의적 儀狄　144 145
이구징 李久澄　22
이규경 李圭景　26
이규보 李奎報　50 97
이덕리 李德履　26 27
이문홍 李文興　39
이로 二老　137
이백 李白　70 71 80 87
이상적 李尙迪　27
이색 李穡　10 12 35 40 42 50 52 55 57 58 67 135 159
이세장 李世璋　21 29 34 37 39
이소 魑魈　96 97
이숭인 李崇仁　57
이식 李湜　57
이식 李植　64
이심원 李深源　60
이원 李黿　60 63 160
이윤 伊尹　41 44 184 185 195
이윤생 李閏生　28
이제현 李齊賢　25 35 63
이존오 李存吾　40
이존원 李存原　22
이주 李胄　35 40 60 62 243
이철 李鐵　21 37
이평사집 李評事集　22 37
이현보 李賢輔　66
이황 李滉　37 39 66

ㅈ

자명 煮茗　61 65 160
작설 雀舌　11 60 78-81 85 91
잠언 箴言　157 160
장유 張維　46 48 49 54 64 65
장자 莊子　41 55 64 157 159 160
　162 163 167 171
장형 張衡　160 171
적벽부 赤壁賦　13 22 27 76
적유 的乳　79
전다 煎茶　11 20 23 24 60 63
　65 69 104 105 109 111
전다부 煎茶賦　23
전습록 傳習錄　46
전승업 全承業　26 64 67
절명가 絶命歌　34
점필재집 佔畢齋集　58 60
정간(사) 貞簡(祠)　36 54 66
정몽주 鄭夢周　9 34 35 40 57 58
정약용 丁若鏞　12 13 27 46
정여창 鄭汝昌　31 60
정주 鼎州　89
정현왕후　36
정희량 鄭希良　61 63
제요 帝堯　136 137
조업 曹鄴　140 141
조위 曹偉　39 61-63
조의제문 弔義帝文　34 39
조춘 早春　83-85 91 98
조취 鳥嘴　78-81 91

조헌 趙憲　54
주공 周公　41 52 79 122 123 139
중옹 仲雍　28 243
중용 中庸　41 43 76 167
중품 中品　83 108 109 111
지합 指合　82 83
진명(차) 眞茗(茶)　11 19 25 66
　79
진보 進寶　81 84
진차 眞茶　66 76
집의 集義　52 113

ㅊ

차세 茶稅　76 81
차품 次品　85 108 111
창합 閶闔　120 121 158 172 173
채다 採茶　19 69 98
처주 處州　87
천 荈　23 78 79
천군 天君　148 149 176 177
천도책 天道策　38 40 42 44 159
　199
천명 天命　50 53 181 197
천부 天賦　197
천인무간 天人無間　42 158
청구 淸口　81-83
청성산 靑城山　133
청신 淸神　10 12 42 51-53
　121 158

초사 楚辭　27
초의 의순 艸衣 意恂　10 25 26
　52 67
최명길 崔鳴吉　49 65 66
최부 崔溥　61
추로 鄒老　112 113
춘추좌씨전 春秋左氏傳　31 40
충현서원 忠顯書院　36 54
치란흥망책 治亂興亡策　40
칙사 勅使　131 135
칠보정 七寶亭　40 63 243
칠완다가 七椀茶歌　20 69 112
　121 125 199

ㅌ

탕비 湯沸　107
태주 台州　87
태현 太玄　160 195
태호 太湖　86 87
토원 兎園　134 135

ㅍ

파 菠　78-80
팔진 八眞　51 142 143

편작 扁鵲　52 136 137 139
편차 片茶　81 85 87 91
표주박　111 187
풍로 風爐　60 62 111
풍류(도) 風流(道)　11 20 27
　55 56 71 237
필상 筆床　60

ㅎ

하연 河演　19
한 蔈　77-79
한궁 漢宮　128 129
한유 韓愈　41 55 127 158 160 195
한퇴지 韓退之 → 한유
항주 杭州　87
해다설 海茶說　27
향사례 鄕射禮　38
허균 許筠　49 64 66
허령 虛靈　157 168 169
허령불매 虛靈不昧　55 157 164
　165 167
허백 虛白　160
허실(생백) 虛實(生白)　155 157
허유 許由　119 158 187 195
현빈 玄牝　178 179
현인 賢人　15 46 75 155 157
　184 189 191 195 199
협주 峽州　87
형주 荊州　80 87

혜강 嵇康 73 76 151
호연(지기) 浩然(之氣) 11 41 52
　53 55 112 113 125 157-159
　164 165 167 198 199
홍귀달 洪貴達 39 160
홍만선 洪萬選 65
홍문관부 弘文館賦 31 40
홍언충 洪彦忠 61 63
홍유손 洪裕孫 60 61 159
홍주 洪州 89
화영 華英 82 83
황강서원 黃岡書院 36 54
황량 黃粱 196 197
황령모 黃翎毛 83 → 영모
황매 黃梅 86 87
황아차 黃芽茶 89
황정견 黃庭堅 24
황제 黃帝 52 138 139
회남 淮南 89
휴광 休光 84 85
흡주 歙州 83 89
흥국군 興國軍 87

■ 정영선(鄭英善)

1973년 서울대학교 가정대학 졸업.
1990년 저서 『한국차문화』 출간. 『차문화연구지』 발행.
1996년 저서 『다도철학』 출간.
1998년 역서 『동다송』 출간.
2006년 성균관대학교 대학원 유학과 철학박사(유교철학·
       예악학 전공).
2011년 역서 『육우의 다경』 출간.
2016년 저서 『찻자리와 인성 고전』 출간
1996년 이후 대학교 강사 및 성신여대·계명대·성균관대
       대학원 겸임교수와 초빙교수 역임.
현재   『예다문화연구』 발행인, 한국차문화연구소 소장.

다부(茶賦)

초판 1쇄 2011년 9월 29일
재판 2쇄 2018년 9월 11일

저 자 鄭英善
발행인 張元碩
발행처 도서출판 너럭바위
       서울특별시 강남구 역삼로 65길 20
       명우빌딩 502호 ⓤ 06197
       홈페이지 www.nurukbawi.com
       전화 02)563-4538 팩스 02)556-2218
       출판등록·1989. 12.14. 제16호-301호
       계좌번호·국민 062-24-0242-692 장원석
       인쇄처·(주)광문당 02)2265-3513

ISBN 978-89-86403-10-7   값 16,000원

■ 이 책의 번역과 내용은 출판사의 동의 없이 무단 전재나 복제할 수 없습니다.